deutsch.kompetent

Stundenblätter

Terence Blacker: boy2girl

Erarbeitet von:
Tommy Greim

Ernst Klett Verlag
Stuttgart · Leipzig

Intention

Die Stundenblätter zu Terence Blackers „boy2girl" sind für die Jahrgangsstufen 6 und 7 konzipiert. Konzeption und Thema entsprechen den Interessen der Schülerinnen und Schüler: Sie eröffnen neben den traditionellen Unterrichtsverfahren der Erschließung handlungs- und produktionsorientierte Zugänge zu diesem beliebten Jugendbuch. Der Fokus liegt auf dem übergreifenden Ziel des Deutschunterrichts, Lesefreude und -motivation zu fördern, was vor allem über die lebendige Auseinandersetzung mit dem Text gelingen kann.

Integratives Arbeiten steht im Mittelpunkt: Vor dem thematischen Hintergrund der Lektüre werden zentrale jahrgangsspezifische Inhalte der Kompetenzbereiche aufgegriffen und mit kreativen Ansätzen verknüpft. Die Stundenblätter liefern gestalterische und informierende Schreibaufgaben auf der Grundlage des Textes sowie Aufträge, die auf die Erweiterung des sprachlichen Repertoires durch die mündliche Interaktion mit einer Partnerin, einem Partner bzw. in der Gruppe und auf die konkrete Wortschatzarbeit abzielen. Im Sinne eines anregenden Unterrichts kommt dabei dem Wechsel der Sozialformen und der Vielfalt der methodischen Verfahren ein besonderer Stellenwert zu.

Aufbau

Die gesamte Unterrichtseinheit umfasst zehn Module mit insgesamt 26 Kopiervorlagen und zwei Klassenarbeitsvorschlägen. Sie gliedert sich in drei Teile:

Kopiervorlagen

Die Kopiervorlagen sind sofort im Unterricht einsetzbar und ermöglichen eine kompetenzorientierte Erschließung im oben ausgeführten Sinne.

Analyse und Interpretation

Auf zwei Seiten finden sich Informationen zum Buch (Autor/Inhalt/Figurenkonstellation/Sprache und Stil/Zeit- und Raumgestaltung/Themen und Motive) für einen kompakten Überblick.

Kommentare und Lösungen

Dieser Teil bietet einen schnellen Zugriff auf die Ergebnisse der Kopiervorlagen. Zu sämtlichen Modulen finden sich hier Ausführungen zur Intention der Kopiervorlagen und didaktische Hinweise.

Wege der Behandlung der Ganzschrift

Eingangs weisen zwei Übersichten über die Unterrichtseinheit (Maximal-/Minimalplan) auf unterschiedliche Wege der Behandlung der Ganzschrift im Unterricht hin. Beide erleichtern das Anpassen der Erschließung an die zur Verfügung stehende Unterrichtszeit.

Der Maximalplan präsentiert das Gesamtpaket an obligatorischen und fakultativen Kopiervorlagen. Letztere erlauben eine Ausweitung und Vertiefung der Thematik. Der Minimalplan umfasst die obligatorischen Kopiervorlagen, sodass eine sinnvolle Auseinandersetzung mit dem Text gewährleistet ist.

Alle Kopiervorlagen finden sich auch auf www.klett.de (Eingabe des Online-Codes in das Suchfenster) als PDF oder als veränderbare Word-Datei, sodass sie den individuellen Gegebenheiten angepasst werden können.

Wir wünschen Ihnen viel Erfolg in Ihrem Unterricht!

Kopiervorlagen

Analyse und Interpretation

Kommentare und Lösungen

Übersicht über die Unterrichtseinheit (Maximalplan)

Modul	Thema	Material	Kompetenzen	Sozialform	Zeitbedarf
1	**Zugänge**	KV 1.1: „Starke Mädchen und coole Typen" – Einen neuen Roman kennenlernen (obligatorisch)	- Erwartungen zum Buchtitel formulieren - Buchcover analysieren - Handlungsverlauf skizzieren	Unterrichtsgespräch Einzelarbeit Partnerarbeit	1 Stunde (45 min)
2	**Häusliche Lektürephase**	KV 2.1: Meine Leseerfahrungen (obligatorisch)	- Textverständnis entwickeln - Inhaltsübersicht erarbeiten	Einzelarbeit	14 Tage
3	**Überprüfung der Textkenntnisse**	KV 3.1: Bist du fit? – Dein Textverständnis überprüfen (fakultativ)	- Fragen zum Textverständnis	Einzelarbeit Unterrichtsgespräch	max. 1 Stunde (45 min)
4	**Sam und seine neue Familie kennenlernen**	KV 4.1: Sam stellt das Familienleben auf den Kopf (obligatorisch)	- Charakter einer literarischen Figur erschließen - einen inneren Monolog verfassen	Einzelarbeit Unterrichtsgespräch	1 Stunde (45 min)
		KV 4.2: Die perfekte Familie? (obligatorisch)	- Familienverhältnisse analysieren - sich mit modernen Familienmodellen auseinandersetzen	Einzelarbeit Partnerarbeit	1 Stunde (45 min)
		KV 4.3: Die Ankunft von Sam bei seiner neuen Familie – Als Szene aus einer Graphic Novel (fakultativ)	- Graphic Novels zu Schlüsselszenen gestalten	Gruppenarbeit	HA, 1 Stunde (45 min)
		KV 4.4: Matthew näher kennenlernen (obligatorisch)	- Informationen aus dem Text heraussuchen - einen fiktiven Dialog schreiben	Einzelarbeit Unterrichtsgespräch Partnerarbeit	1 Stunde (45 min)
		KV 4.5: Eine unerwartete Erbschaft (fakultativ)	- Handlungsperspektiven nachvollziehen - eine Textstelle weiterschreiben	Unterrichtsgespräch Einzelarbeit	1 Stunde (45 min)
5	**Ganz besondere Freundschaften**	KV 5.1: Wahre Freunde (obligatorisch)	- Bedeutung von wahrer Freundschaft klären - Steckbriefe erstellen	Einzelarbeit Gruppenarbeit	2 Stunden (90 min)
		KV 5.2: Die Zicken (obligatorisch)	- fiktive Interviews führen - eine Stimmungskurve zeichnen	Partnerarbeit Unterrichtsgespräch	1 Stunde (45 min)
		KV 5.3: Die Annäherung von Sam und Zia (obligatorisch)	- die Gestaltung von Textstellen analysieren - kreatives Schreiben	Unterrichtsgespräch Einzelarbeit	1 Stunde (45 min)
6	**Lebenswelt Schule**	KV 6.1: Der Schulalltag (obligatorisch)	- Schulkonzepte vergleichen - Lehrkräfte aus dem Roman charakterisieren	Gruppenarbeit Einzelarbeit	2 Stunden (90 min)
		KV 6.2: Sams erster Auftritt in der Schule (obligatorisch)	- Verhaltensmotive erschließen - ein literarisches Rollenspiel durchführen	Einzelarbeit Partnerarbeit Gruppenarbeit	mind. 2 Stunden (90 min)
		KV 6.3: Mark Kramer – Schwarm aller Mädchen? (fakultativ)	- Informationen aus einem Text heraussuchen - eine Textstelle umschreiben	Unterrichtsgespräch Einzelarbeit	1 Stunde (45 min)
		KV 6.4: Die Talentshow (obligatorisch)	- einen Zeitungsbericht formulieren	Unterrichtsgespräch Einzelarbeit	1 Stunde (45 min)

7	**Typische Geschlechter-rollen**	KV 7.1: Wodurch werden Jungen zu Jungen und Mädchen zu Mädchen? (fakultativ)	- Liedtexte analysieren - typische Geschlechterklischees herausarbeiten - mit Sachtexten arbeiten	Partnerarbeit Unterrichts-gespräch Einzelarbeit	2 Stunden (90 min)
		KV 7.2: Typisch Mädchen – typisch Junge? (obligatorisch)	- Geschlechterrollen zuordnen - einen Tagebucheintrag schreiben	Unterrichts-gespräch Einzelarbeit	1 Stunde (45 min)
8	**Gewalt und Aggression**	KV 8.1: Jugendgewalt (fakultativ)	- Internetrecherche - Ergebnisse präsentieren	Partnerarbeit Gruppenarbeit	1 Stunde (45 min)
		KV 8.2: Frustbewältigung und Anerkennung durch Gewalt? (obligatorisch)	- szenisches Lesen - ein Standbild bauen - eine Textstelle umschreiben - Deutungshypothesen entwickeln	Unterrichts-gespräch Einzelarbeit	1 Stunde (45 min)
		KV 8.3: Crash und Otto-leen – Echte Familien-typen? (obligatorisch)	- eine Nacherzählung gestalten	Einzelarbeit Unterrichts-gespräch	1 Stunde (45 min)
9	**Formale Gestaltung und Umsetzung**	KV 9.1: Die Erzähltechnik des Romans (obligatorisch)	- Erzählperspektive untersuchen - Textleerstellen füllen	Unterrichts-gespräch Einzelarbeit	1 Stunde (45 min)
		KV 9.2: Die sprachliche Gestaltung (fakultativ)	- Textsymbolik untersuchen - Sprachanalyse	Einzelarbeit Unterrichts-gespräch Partnerarbeit	1 Stunde (45 min)
		KV 9.3: „boy2girl" als Hörerlebnis (fakultativ)	- ein Hörspiel entwickeln und umsetzen	Gruppenarbeit	mind. 2 Stunden (90 min)
10	**Rezeption und Wirkung**	KV 10.1: „boy2girl" als Theaterstück (obligatorisch)	- eine Theaterinszenierung analysieren und mit der Romanvorlage vergleichen	Unterrichts-gespräch Einzelarbeit	1 Stunde (45 min)
		KV 10.2: Eine eigene Theateraufführung gestalten (fakultativ)	- szenisches Spiel	Einzelarbeit Gruppenarbeit	mind. 2 Stunden (90 min)
		KV 10.3: Den Roman abschließend bewerten (obligatorisch)	- zum Autor recherchieren - Romanrezensionen analysieren - Buchkritiken verfassen	Einzelarbeit Partnerarbeit	mind. 1 Stunde (45 min)

Übersicht über die Unterrichtseinheit (Minimalplan)

Modul	Thema	Material	Kompetenzen	Sozialform	Zeitbedarf
1	**Zugänge**	KV 1.1: „Starke Mädchen und coole Typen" – Einen neuen Roman kennenlernen	- Erwartungen zum Buchtitel formulieren - Buchcover analysieren - Handlungsverlauf skizzieren	Unterrichtsgespräch Einzelarbeit Partnerarbeit	1 Stunde (45 min)
2	**Häusliche Lektürephase**	KV 2.1: Meine Leseerfahrungen	- Textverständnis entwickeln - Inhaltsübersicht erarbeiten	Einzelarbeit	14 Tage
4	**Sam und seine neue Familie kennenlernen**	KV 4.1: Sam stellt das Familienleben auf den Kopf	- Charakter einer literarischen Figur erschließen - einen inneren Monolog verfassen	Einzelarbeit Unterrichtsgespräch	1 Stunde (45 min)
		KV 4.2: Die perfekte Familie?	- Familienverhältnisse analysieren - sich mit modernen Familienmodellen auseinandersetzen	Einzelarbeit Partnerarbeit	1 Stunde (45 min)
		KV 4.4: Matthew näher kennenlernen	- Informationen aus dem Text heraussuchen - einen fiktiven Dialog schreiben	Einzelarbeit Partnerarbeit	1 Stunde (45 min)
5	**Ganz besondere Freundschaften**	KV 5.1: Wahre Freunde	- Bedeutung von wahrer Freundschaft klären - Steckbriefe erstellen	Einzelarbeit Gruppenarbeit	2 Stunden (90 min)
		KV 5.2: Die Zicken	- fiktive Interviews führen - eine Stimmungskurve zeichnen	Partnerarbeit Unterrichtsgespräch	1 Stunde (45 min)
		KV 5.3: Die Annäherung von Sam und Zia	- die Gestaltung von Textstellen analysieren - kreatives Schreiben	Unterrichtsgespräch Einzelarbeit	1 Stunde (45 min)
6	**Lebenswelt Schule**	KV 6.1: Der Schulalltag	- Schulkonzepte vergleichen - Lehrkräfte aus dem Roman charakterisieren	Gruppenarbeit Einzelarbeit	2 Stunden (90 min)
		KV 6.2: Sams erster Auftritt in der Schule	- Verhaltensmotive erschließen - ein literarisches Rollenspiel durchführen	Einzelarbeit Partnerarbeit Gruppenarbeit	mind. 2 Stunden (90 min)
		KV 6.4: Die Talentshow	- einen Zeitungsbericht formulieren	Unterrichtsgespräch Einzelarbeit	1 Stunde (45 min)
7	**Typische Geschlechterrollen**	KV 7.2: Typisch Mädchen – typisch Junge?	- Geschlechterrollen zuordnen - einen Tagebucheintrag schreiben	Unterrichtsgespräch Einzelarbeit	1 Stunde (45 min)
8	**Gewalt und Aggression**	KV 8.2: Frustbewältigung und Anerkennung durch Gewalt?	- szenisches Lesen - ein Standbild bauen - eine Textstelle umschreiben - Deutungshypothesen entwickeln	Unterrichtsgespräch Einzelarbeit	1 Stunde (45 min)
		KV 8.3: Crash und Ottoleen – Echte Familientypen?	- eine Nacherzählung gestalten	Einzelarbeit Unterrichtsgespräch	1 Stunde (45 min)
9	**Formale Gestaltung und Umsetzung**	KV 9.1: Die Erzähltechnik des Romans	- Erzählperspektive untersuchen - Textleerstellen füllen	Unterrichtsgespräch Einzelarbeit	1 Stunde (45 min)
10	**Rezeption und Wirkung**	KV 10.1: „boy2girl" als Theaterstück	- eine Theaterinszenierung analysieren und mit der Romanvorlage vergleichen	Unterrichtsgespräch Einzelarbeit	1 Stunde (45 min)
		KV 10.3: Den Roman abschließend bewerten	- zum Autor recherchieren - Romanrezensionen analysieren - Buchkritiken verfassen	Einzelarbeit Partnerarbeit	mind. 1 Stunde (45 min)

„Starke Mädchen und coole Typen" – Einen neuen Roman entdecken (Seite 1/1)

1 Betrachte das Buchcover und den Titel und formuliere erste Eindrücke sowie Erwartungen an die Handlung des Romans.

2 Lies nun den Klappentext von Terence Blackers „boy2girl". Vergleiche deine Erwartungen aus Aufgabe 1 mit den Informationen aus dem Klappentext.

3 Entwickelt anschließend mit eurem Partner ein Cluster, in dem ihr eure Ideen zur Romanhandlung festhaltet. Verwendet ein zusätzliches Blatt und präsentiert eure Ergebnisse der Klasse.

4 Im Mittelpunkt der Handlung steht eine Mutprobe. Diskutiert über den Sinn und Zweck von Mutproben. Bezieht eure eigenen Erfahrungen mit ein.

5 Lest den Textausschnitt und tauscht euch aus, wie ihr auf diese Mutprobe reagiert hättet. Begründet eure Meinung.

Terence Blacker: boy2girl (Ausschnitt)

Wir verlangen, dass du eine Woche lang [...] so was wie ein Schauspieler bist – du sollst eine Rolle spielen. [...] Alles, was du tun musst, ist fünf Tage lang als Mädchen in die Schule gehen. Wenn du das machst, bist du dabei."

Aus: Terence Blacker: boy2girl. Weinheim/Basel: Beltz & Gelberg 2006, S. 45.

Name:

Klasse / Datum:

Meine Leseerfahrungen (Seite 1/2)

Du hast jetzt vom ______________ bis zum ______________ Zeit, „boy2girl“ von Terence Blacker zu lesen und dabei folgende Aufgaben zu erledigen:

1 Gib den einzelnen Kapiteln des Romans eine Überschrift und fasse den Inhalt kurz zusammen. Beachte dabei, dass deine Überschrift den inhaltlichen Schwerpunkt des jeweiligen Kapitels widerspiegelt. Nutze dafür das vorgegebene Muster.

Kapitel	**Überschrift**	**Inhaltliche Schwerpunkte** (Wer?, Was?, Wann?, Wo?)
1	*Sam stellt das Familienleben der Burtons auf den Kopf*	– *Der amerikanische Cousin von Matthew kommt zu Beginn der Sommerferien zu den Burtons.* – *Seine Mutter ist bei einem Autounfall ums Leben gekommen.* – *Sam verhält sich zunächst unhöflich und stößt seine „neue“ Familie vor den Kopf.*
2	*…*	*…*

2 Beschreibe deine Leseeindrücke und notiere kurz, was dir beim Lesen gut gefallen hat und was dir nicht so gut gefallen hat.

© Ernst Klett Verlag GmbH, Stuttgart 2015 | www.klett.de | ISBN 978-3-12-316193-3

Name:

Klasse / Datum:

Meine Leseerfahrungen (Seite 2/2)

3 Wähle aus dem Roman „boy2girl“ deine Lieblingsszene aus. Bereite dich darauf vor, diese Szene deiner Klasse ausdrucksstark vorzulesen. Begründe deine Auswahl der Szene.

Richtig vorlesen – mit diesen Hinweisen geht nichts schief …

- **Langsam lesen:** Die Worte können so ihren Sinn entfalten und Pausen geben den Zuhörern Raum zum Nachdenken.
- **Flüssig lesen:** Eine deutliche und verständliche Aussprache sowie das Gliedern in Absätze erleichtern das Zuhören.
- **Dynamisch lesen:** Lautstärke, Sprachmelodie und Lesetempo variieren, um die Aufmerksamkeit der Zuhörer zu sichern.
- **Kontakt mit Zuhörern halten:** Den Blick ab und an vom Text lösen und den Kontakt zu den Zuhörern herstellen.

4 Entscheide dich für eine Aussage und beende dann den Satz.
Sammelt anschließend in der Klasse die Sätze und diskutiert über eure Aussagen.

Ich würde das Buch weiterempfehlen, weil …

Ich würde das Buch nicht weiterempfehlen, weil …

5 Wähle eine der drei Aufgaben aus:
- Entwirf anhand deiner eigenen Leseerfahrungen ein eigenes Cover für „boy2girl“. Stelle es der Klasse vor und begründe deine Gestaltung.
- Gestalte ein Werbeplakat für das Buch „boy2girl“. Achte besonders darauf, das Interesse bei dem Betrachter zu wecken. Stelle der Klasse dein Plakat vor und begründe deine Gestaltung.
- Entwickle für den Roman ein Rätsel (Quiz, Kreuzworträtsel, Wortsalat …), um überprüfen zu können, wie gut deine Mitschüler das Buch gelesen haben. Lass anschließend deine Klassenkameraden dein Rätsel lösen.

Name:

Klasse / Datum:

Bist du fit? – Dein Textverständnis überprüfen (Seite 1/1)

1 Im folgenden Buchstabengitter sind die Namen aller wichtigen Figuren des Romans versteckt. Markiere diese und äußere dich anschließend in einem Satz zu deiner Lieblingsfigur des Romans.

A	D	N	U	R	H	L	P	W	C	D	E	X	W	S	M	N	T
Q	W	E	C	H	A	R	L	E	Y	R	T	Z	U	I	O	P	A
S	D	F	G	H	J	K	L	F	Y	X	C	V	B	N	M	P	O
M	Y	A	E	L	E	N	A	Q	D	G	H	U	G	B	A	T	L
R	E	F	G	H	K	L	N	X	W	S	F	B	A	C	T	X	N
M	R	B	U	R	T	O	N	P	O	I	Z	R	R	V	T	D	R
H	J	K	W	A	S	U	U	B	V	F	B	F	Y	F	H	K	L
B	A	S	D	F	G	L	P	Q	E	R	C	G	H	N	E	B	Z
U	E	T	S	E	F	S	A	M	W	E	C	G	J	A	W	G	I
G	R	Y	A	T	Z	X	P	T	D	J	A	K	E	Y	T	M	A
R	L	R	Y	F	O	R	R	E	S	T	E	R	I	S	G	L	T
M	I	O	N	Z	V	R	C	E	S	T	N	U	M	X	Z	F	D
A	D	N	B	A	M	R	S	B	U	R	T	O	N	D	H	V	R
R	F	E	L	G	R	E	S	C	V	G	Z	N	I	C	U	B	S
K	H	O	D	W	A	D	V	H	J	T	K	M	L	F	J	K	E
E	M	R	S	C	A	R	T	W	R	I	G	H	T	G	I	L	W
N	K	C	R	A	S	H	A	S	D	F	G	J	K	V	K	P	A
B	L	W	E	R	T	Z	U	H	J	O	T	T	O	L	E	E	N

Meine Lieblingsfigur: ______________________________

____

2 Entscheide, ob folgende Aussagen richtig oder falsch sind. Berichtige die falschen Aussagen in deinem Heft.

	richtig	falsch
1. Sam freut sich auf seine „neue Familie" und begegnet ihr bei seiner Ankunft freundlich.		
2. Crash ist Sams Vater. Er ist vor allem auf das Erbe seines Sohnes aus.		
3. Sam und Zia kommen sich über die Musik sehr nahe.		
4. Am ersten Schultag zur Schulversammlung machen sich alle über Sam lustig.		
5. Mark Kramer ist der Mädchenschwarm der Schule und auch Sam verfällt seinem Charme.		
6. Sam entscheidet sich am Ende für die Burtons und gegen seinen Vater.		

Name:

Klasse / Datum:

Sam stellt das Familienleben auf den Kopf (Seite 1/2)

1 Lies noch einmal das erste Kapitel des Romans und mache dir Notizen in dein Heft.
- Notiere stichpunktartig, was du über Sam erfährst. Achte dabei auf direkte und indirekte Charakterisierung, die Box hilft dir. Belege deine Aussagen mit Textbeispielen.

Romanfiguren charakterisieren

Damit du den Charakter einer Figur erschließen kannst, musst du auf zwei Arten der Charakterisierung achten:
- **direkte Charakterisierung** → Finde im Text Beschreibungen und Wertungen heraus, die dir die Figur selbst, der Erzähler oder eine andere Figur vermitteln.
- **indirekte Charakterisierung** → Ziehe Schlussfolgerungen zum Wesen der Figur aus ihrem Erscheinungsbild, ihrem Verhalten oder ihrer Einstellung (Gedanken, Gefühle, Interessen usw.).

- Tauscht euch anschließend innerhalb der Klasse über die Ergebnisse aus und sammelt sie in einer Mindmap.

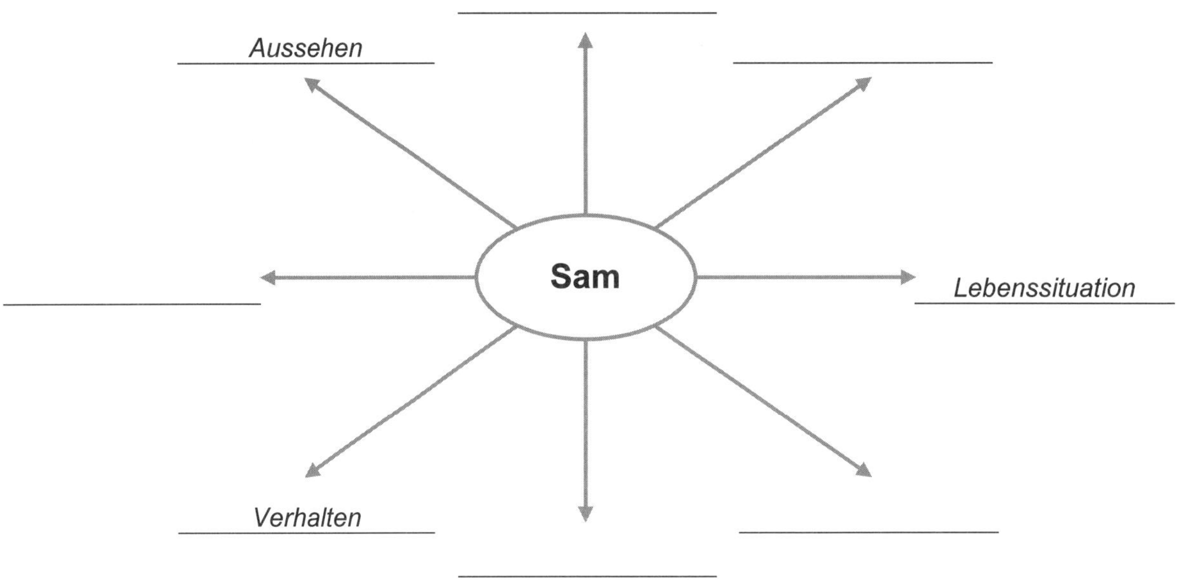

2 Diskutiert über Sams Verhalten während seiner Ankunft und überlegt euch Gründe, die seine anfängliche Ablehnung der Familie Burton begründen könnten. Macht euch zunächst Notizen.

____

____

____

____

____

Name:

Klasse / Datum:

Sam stellt das Familienleben auf den Kopf (Seite 2/2)

3 Du hast Sam nun näher kennengelernt. Verfasse einen kurzen Text, in dem du Sam über seine Ankunft und seine neue Familie nachdenken lässt. Beachte dabei seine Gedanken und Gefühle. Lies dein Ergebnis anschließend der Klasse vor.

____

____

____

____

____

____

★ Einen inneren Monolog schreiben

- Versetze Dich in die Lage der Figur (Ich-Form).
- Notiere, welche Gedanken die Figur bewegen, welche Gefühle sie hat, was sie tun möchte.
- Schreibe in der Ich-Form.
- Verwende das Präsens.
- Passe deinen Sprachstil der Alltagssprache an.
- Schreibe möglichst anschaulich (z. B. ausdrucksstarke Adjektive und Verben).

4 Sucht nach einem passenden Musiktitel, der Sams Stimmung bei seiner Ankunft verdeutlicht, bringt ihn in den Unterricht mit und hört kurze Ausschnitte daraus. Diskutiert eure Vorschläge in der Klasse.

Interpret: ______________________________

Titel: ______________________________

5 Sams Ankunft stellt das Familienleben der Burtons zunächst ganz schön auf den Kopf. Ermittle aus den Aussagen der Familienmitglieder in Kapitel 1, wie sie auf Sam und sein Verhalten reagieren. Arbeite mit Textbelegen.

____

____

____

____

____

____

Name:

Klasse / Datum:

Die perfekte Familie? (Seite 1/1)

1 Familienleben im 21. Jahrhundert:
- Betrachte und beschreibe zunächst die Bilder.
- Äußere spontan deine Gedanken zu den Bildern und tausche dich in deiner Klasse über die Vorstellungen einer „typischen Familie" aus.

2 Erläutere das Familienleben der Burtons.

____

____

____

____

____

____

3 Nimm zu der Aussage von Matthew Stellung.

> **Terence Blacker: boy2girl (Ausschnitt)**
> Ihr könnt das einfach so sehen: ich lebe in einer verdrehten Ausgabe der so genannten Normalfamilie.

Aus: Terence Blacker: boy2girl. Weinheim/Basel: Beltz & Gelberg 2006, S. 14.

4 In „boy2girl" tauchen neben den Burtons noch andere Familien auf. Analysiere mit deinem Partner das jeweilige Familienleben. Geht dabei arbeitsteilig vor und vergleicht eure Ergebnisse.
Partner A: **Tyrone und seine Mutter** (Seiten 41, 96, 126, 175, 184, 246)
Partner B: **Jake und seine Familie** (Seiten 199 f., 228, 240)

5 Du hast nun unterschiedliche Familien aus dem Roman kennengelernt. Beurteile abschließend die Bedeutung der Familien für das Handeln der einzelnen Figuren.

Name:

Klasse / Datum:

Die Ankunft von Sam bei seiner neuen Familie – Als Szene aus einer Graphic Novel (Seite 1/1)

Die Ankunft von Sam hat das Familienleben der Burtons ganz schön auf den Kopf gestellt und ist somit eine Schlüsselszene des Romans, die nun kreativ gestaltet werden soll.

1 Tauscht euch zunächst innerhalb der Klasse über eure Erfahrungen mit Graphic Novels aus.

Graphic Novels kennenlernen

Die Graphic Novel ist eine junge Gattung, die sich aus der populären Form des Comics entwickelt hat. Merkmale:

- Graphic Novels enthalten romanähnliche Elemente.
- Sie verwenden eine besonders bildhafte sprachliche Darstellungsweise.
- Die Zeichnungen sind stilistisch oft stark verfremdend und kaum realistisch.

2 Informiere dich im Internet, in der Bibliothek oder in der örtlichen Buchhandlung über unterschiedliche Beispiele von Graphic Novels. Präsentiere eine Graphic Novel deiner Klasse. Nenne Elemente, die auf die Ankunftsszene in „boy2girl“ übertragbar sein könnten.

3 Die Ankunft von Sam bei den Burtons soll nun von euch als Szene einer Graphic Novel gestaltet werden. Arbeitet in Gruppen.

- Erstellt zunächst ein Konzept für eure Szene. Nutzt dafür die bereits erarbeiteten Informationen und orientiert euch an den vorgegebenen Schwerpunkten.

Bilderfolge 1: „Sam steht vor der Tür“	**Bilderfolge 2:** „Sams erste Tage in der neuen Umgebung“	**Bilderfolge 3:** „Das Familienleben gerät aus den Fugen“

- Zeichnet und gestaltet anschließend eine Bilderfolge.
- Hängt eure fertigen Produkte in der Klasse aus und diskutiert in eurer Gruppe Kriterien für gelungene Graphic Novels.

____

____

____

____

____

____

- Betrachtet schließlich die anderen Bilderfolgen und bewertet diese anhand eurer Kriterien.

Name:

Klasse / Datum:

Matthew näher kennenlernen (Seite 1/1)

1 Eine zentrale Erzählfigur des Romans ist Matthew. Überprüfe die folgenden Begriffe und entscheide, welche auf Matthew zutreffen. Ergänze gegebenenfalls eigene Begriffe. Belege deine Überlegungen mit passenden Textstellen. Nutze dazu deine Inhaltsübersicht aus KV 2.1.

- voller Selbstzweifel
- geduldig
- langweilig
- Ablehnung von Gewalt
- entscheidungsfreudig
- einfühlsam
- erwachsen
- typisch Junge
- aktiv
- selbstbewusst
- ...

2 Stelle dir vor, „boy2girl“ soll verfilmt werden. Dazu muss die Rolle von Matthew mit einem passenden Schauspieler besetzt werden.
- Wähle aus den folgenden Abbildungen einen Jungen aus, der die Rolle des Matthew am besten verkörpern würde. Begründe deine Auswahl mithilfe deiner Ergebnisse aus Aufgabe 1.
- Tauscht euch anschließend in der Klasse über eure Ergebnisse aus.

3 Die Talentshow am Ende des Romans war auch für Matthew ein prägendes Erlebnis und rührte ihn fast zu Tränen. Wieder zu Hause angekommen spricht er mit Sam. Arbeitet mit einem Partner und entwickelt einen Dialog zwischen Matthew und Sam, in dem sie den Abend und die vergangenen Tage noch einmal Revue passieren lassen. Arbeitet in euren Heften.

4 Tragt anschließend euren Dialog der Klasse szenisch vor.

Name:

Klasse / Datum:

Eine unerwartete Erbschaft (Seite 1/1)

Ein unerwarteter Anruf und die Information über eine Erbschaft von zwei Millionen Dollar sorgen für jede Menge Trubel im Leben von Sam und den Burtons.

1 Lies den Textausschnitt, in dem Mrs Burton von dem Erbe von Sam erfährt (Seite 89 f.), und formuliere Fragen und Probleme, die sich für die Burtons aus dieser Information ergeben.

____

____

____

____

____

____

2 Erarbeitet mithilfe der angegebenen Textstellen die Motive der einzelnen Figuren, die ihr Handeln nach der Information über das Erbe von Sam bestimmen. Teilt die Textstellen in Gruppen auf und tragt eure Ergebnisse zusammen.

Mrs und Mr Burton (Seiten 90 f., 111 f.): ______________________________

____

____

Crash und Ottoleen (Seiten 124 f., 162, 170 ff.): ______________________________

____

____

Sam und Matthew (Seiten 156 f.,158 f.): ______________________________

____

____

3 Matthew hat eine Idee, wie er Sam vor dessen Vater beschützen kann. Setze die folgende Textstelle fort und beschreibe aus der Sicht von Matthew den Plan. Arbeite in deinem Heft. Trage den Text anschließend deiner Klasse ausdrucksstark vor.

Terence Blacker: boy2girl (Ausschnitt)

Ich überlegte einen Moment. „Also möchtest du erst mal nicht, dass dein Vater dich findet?“
„Das scheint der Fall zu sein.“
Ich erklärte ihm meinen Plan. Noch bevor ich fertig war, lachte er.

Aus: Terence Blacker: boy2girl. Weinheim/Basel: Beltz & Gelberg 2006, S. 159 f.

4 Diskutiert in der Klasse, ob der Plan von Matthew eine gute Idee ist. Geht in eurer Diskussion auch auf die formulierten Fragen und Probleme aus Aufgabe 1 ein.

Name:

Klasse / Datum:

Wahre Freunde (Seite 1/1)

1 Erläutert die folgenden Sprichwörter über Freundschaft. Wählt anschließend jenes aus, welches eurer Vorstellung von Freundschaft am nächsten kommt. Tauscht euch in der Klasse aus.

„Ein Freund ist einer, der kommt, wenn alle anderen gehen.“

„Einer für alle – alle für einen.“

„Wer den Freund nur fehlerlos will, findet keinen.“

„Alte Freundschaft rostet nicht.“

„Freundschaft, das ist eine Seele in zwei Körpern.“

„Wer solche Freunde hat, braucht keine Feinde.“

2 Beschäftigt euch mit den Mitgliedern der Bunkerbande.
- Bildet Kleingruppen mit je drei Schülern. Fertigt zu den Mitgliedern der Bunkerbande Steckbriefe an. Geht dabei arbeitsteilig vor. Nutzt dafür die Vorlage, zeichnet an die entsprechende Stelle ein Bild oder klebt ein Passfoto ein.
- Hängt anschließend eure Steckbriefe in der Klasse aus und vergleicht eure Ergebnisse.

Steckbrief von: ____________________

Name: ____________________

Wohnort: ____________________

Familie: ____________________

____

Äußere Merkmale: ____________________

____

____

Charaktereigenschaften: ____________________

____

____

Besonderheiten: ____________________

____

____

Aktuelle Situation: ____________________

____

____

Name:

Klasse / Datum:

Die Zicken (Seite 1/1)

1 Neben der Bunkerbande gibt es noch eine befreundete Mädchengruppe – die Zicken. Zu ihren Mitgliedern gehören Charley, Elena und Zia. Arbeitet mit einem Partner. Führt mit einer der Figuren ein fiktives Interview, um sie näher kennenzulernen.

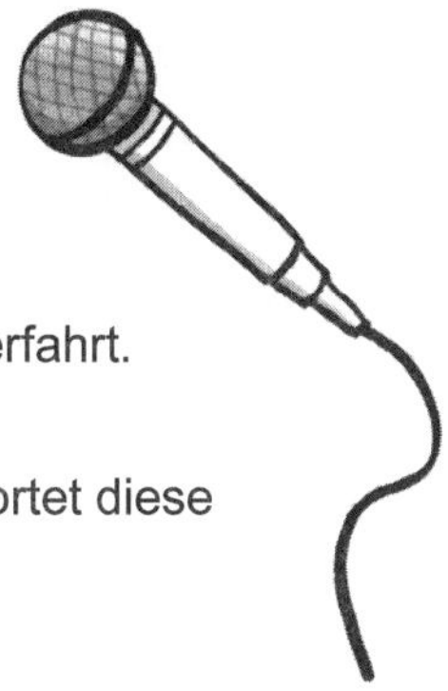

- Sucht zunächst Textstellen, in denen ihr etwas über eure ausgewählte Figur erfahrt. Nutzt dazu eure Inhaltsübersicht aus KV 2.1.
- Formuliert anhand dieser Informationen Fragen für das Interview und beantwortet diese aus der Sicht der ausgewählten Figur.
- Präsentiert das Interview vor der Klasse.

2 Das Verhältnis der Zicken untereinander ist nicht immer nur harmonisch. Zeichne eine Stimmungskurve, in der deutlich wird, wie sich das Verhältnis der Mädchen während der gesamten Handlung entwickelt. Belege deine Ergebnisse mit konkreten Textbeispielen.

Stimmung der Zicken

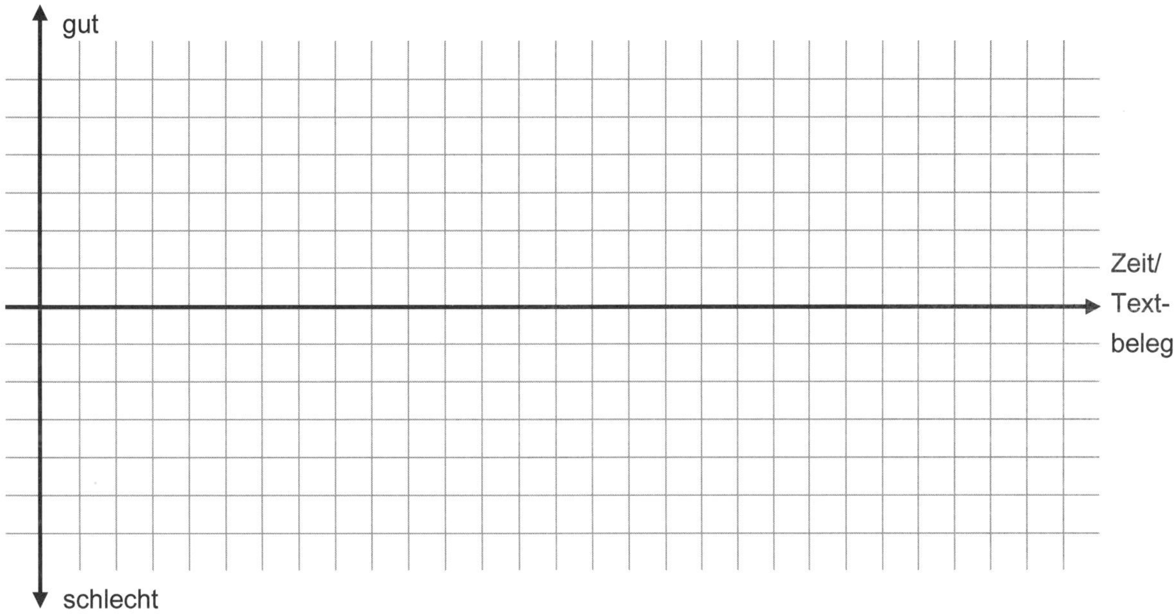

3 Sam schafft es, ein Mitglied der Zicken zu werden. Dabei gerät er oft in die Gefahr aufzufliegen. Beschreibe deine Lieblingsstelle, in der es Sam erfolgreich gelingt, Eindruck bei den Mädchen zu schinden.

____

____

____

____

4 Diskutiert abschließend in der Klasse die Bedeutung von „wahren Freundschaften“. Vergleicht dabei die Bunkerbande und die Zicken.

Name:

Klasse / Datum:

Die Annäherung von Sam und Zia (Seite 1/1)

1 Lies den Textauszug und ordne ihn in den Handlungsverlauf des Romans ein.

Terence Blacker: boy2girl (Ausschnitt)

Elena

Na gut, ich habe nicht die beste Stimme. Aber ist das ein Grund, dass die beiden sich anstellen, als hätten sie den besten Witz gehört, der je erzählt wurde (was nicht der Fall war)?

Sam mache ich keine Vorwürfe. Sie ist neu, und ihr hat noch niemand erklären können, dass Zia Khan zwar ganz unschuldig aussehen mag [...], dass sie im Grunde aber eine intrigante, hochnäsige, gemeine, verschlagene, arrogante, eingebildete, streberische, unfreundliche, selbstsüchtige, launische und alles in allem total grässliche, blöde Kuh ist.

Also habe ich es getan. Dort, auf dem Schulhof. Ich habe Zia gesagt, ich hätte sie sowieso noch nie richtig leiden können und sie würde mir einfach nur leid tun mit ihrer perfekten kleinen Familie und ihren tollen Zensuren. [...]

Vielleicht bin ich einen Tick zu weit gegangen. Plötzlich kamen Zia die Tränen und sie rannte in die Klasse zurück. [...]

Aus: Terence Blacker: boy2girl. Weinheim/Basel: Beltz & Gelberg, 2006, S. 143 f.

2 Erkläre und bewerte Elenas Verhalten gegenüber Zia.

3 Der Leser kann sich den Streit zwischen Elena und Zia gut vorstellen. Markiere im Text Stellen, die besonders anschaulich gestaltet sind, und erläutere, wodurch diese Anschaulichkeit entsteht.

4 Durch den Streit mit Elena ist das Verhältnis zwischen Sam und Zia noch vertraulicher geworden. Nimm zu dieser Aussage Stellung und begründe deine Meinung.

5 Vor allem über die Musik finden Sam und Zia zueinander. Analysiere Zias selbst geschriebenen Song „Meine Wolke“ (Seite 204) und gestalte eine weitere Strophe, die inhaltlich zu ihrem Lied passt. Vergleicht eure Texte in der Klasse.

6 Das besondere Verhältnis zwischen Zia und Sam wird zudem deutlich, als Sam ihr offenbart, dass er eigentlich ein Junge ist (Seite 239). Beschreibe Zias Reaktion auf sein Geständnis und stelle Vermutungen an, wie sich das Verhältnis zwischen den beiden über die Romanhandlung hinaus entwickeln könnte. Notiere deine Ideen.

Klett

 ISBN 978-3-12-316193-3

Name:

Klasse / Datum:

Der Schulalltag (Seite 1/1)

1 Informiere dich mithilfe der Homepage deiner Schule oder durch die Befragung deiner Lehrer bzw. des Schulleiters über das Konzept deiner Schule.

2 Bildet Kleingruppen und erstellt ein Plakat, auf dem ihr eure Schule kurz vorstellt. Geht dabei speziell auf die Besonderheiten eurer Schule ein.

3 Hängt euer Plakat an die Tafel und präsentiert es vor der Klasse. Bittet um Erlaubnis, ob ihr das gelungenste Plakat auch im Schulhaus aushängen dürft.

4 Vergleiche nun deine Schule mit der Bradbury-Hill-Schule. Suche dir dafür Textstellen, in denen du etwas über die Schule in London erfährst, und entwickle sinnvolle Vergleichspunkte. Übertrage die Tabelle in dein Heft.

Vergleichspunkte	Meine Schule	Bradbury-Hill-Schule

5 Sicherlich hast du während deiner Schulzeit schon so einige Erfahrungen mit Lehrern gemacht. Im Folgenden werden verschiedene Lehrertypen genannt. Diskutiert in der Klasse, welche Eigenschaften der jeweilige Lehrertyp besitzt.

Der Schwache: ______________________

Der Strenge: ______________________

Der Kumpel: ______________________

Der Engagierte: ______________________

Der Frustrierte: ______________________

6 Ordne die beiden im Roman beschriebenen Lehrkräfte einem Lehrertyp zu und begründe deine Zuordnung mit passenden Textbeispielen.

Mrs Cartwright: ______________________

____

____

Steve Forrester: ______________________

____

____

Name:

Klasse / Datum:

Sams erster Auftritt in der Schule (Seite 1/2)

1 Der erste Schultag steht vor der Tür und somit Sams Auftritt in der Schulversammlung. Beschreibe die ersten Reaktionen von Sams neuen Mitschülern, als dieser durch die Aula „schreitet“ (Seiten 60–66).

2 Bei der Lektüre kann sich der Leser die Aula und die Schulversammlung gut vorstellen. Zeichne ein Bild von der Szene, als Sam die Aula betritt und alle Augen auf ihn gerichtet sind.

Szenenbild: „Sams großer Auftritt zur Schulversammlung“

3 Tauscht euer Szenenbild mit einem Partner und diskutiert gegenseitig über eure Umsetzung.

4 Nicht nur bei der Schulversammlung hat Sam auf sich aufmerksam gemacht, sondern auch in der ersten Unterrichtsstunde bei Steve Forrester (Seiten 72/73). Untersuche das Verhalten von Sam und finde die Motive für sein Handeln heraus.

5 Am Abend nach dem ersten Schultag denkt Sam noch einmal über das Geschehene nach. Verfasse in einem zusammenhängenden Text Sams Gedanken. Gehe dabei vor allem auf Sams wahre Gefühle und Empfindungen ein.

Name:

Klasse / Datum:

Sams erster Auftritt in der Schule (Seite 2/2)

6 Der Auftritt von Sam am ersten Schultag ist eine Schlüsselszene des Romans (Seiten 60–66). Veranschaulicht diese in einem Rollenspiel.

– Bildet Gruppen und besetzt alle Rollen aus der Szene.
– Lest anschließend noch einmal die Szene und ergänzt die übrigen Rollenkarten. Orientiert euch dabei an der Rollenkarte von Matthew.

Matthew	Sam	Elena
Du bist vor dem ersten Schultag aufgeregt und hast Angst, dass eure Mutprobe auffliegt. Aber deine Befürchtungen treten nicht ein. Ganz im Gegenteil, Sam wird zum Star des ersten Schultages.		

Zia	Charley	Gary

Mark	Mrs Cartwright

– Bereitet nun die Szene für das Vorspielen vor:
  – Überlegt euch Regieanweisungen und notiert diese.
  – Denkt euch ein einfaches Bühnenbild aus.
  – Verwendet Requisiten.
  – Übt die Szene mithilfe eines Regisseurs.
  – Achtet besonders auf die Körperhaltung, Mimik und Gestik eurer Rolle.
– Tragt nun euer Rollenspiel der Klasse vor. Vielleicht ist es euch sogar möglich, die Szenen aufzuzeichnen.
– Wertet anschließend gemeinsam mit eurer Klasse das Rollenspiel aus und beurteilt, was gut gelungen ist, und macht gegebenenfalls Verbesserungsvorschläge.

Name:

Klasse / Datum:

Mark Kramer – Schwarm aller Mädchen? (Seite 1/1)

1 Elena erzählt von ihrem großen Schwarm Mark Kramer (Seite 14 f.). Lies den Textauszug und beschreibe, was Elena so besonders an Mark findet.

2 Diskutiert in der Klasse, ob Mark Kramer wirklich ein Mädchenschwarm ist. Bezieht dazu eure Leseerfahrungen des gesamten Romans mit ein.

3 An Sam beißt sich Mark die Zähne aus. Dennoch gibt er nicht auf. Erläutere Marks Faszination an Sam.
- Notiere passende Textstellen in dein Heft.
- Erkläre, warum Mark nie eine wirkliche Chance bei Sam hat.

4 Lies den Ausschnitt der Szene.

Terence Blacker: boy2girl (Ausschnitt)

Mark

Sie ist nur ein Mädchen. Das sagte ich mir immer wieder, als ich Sam in den folgenden Tagen sah. Sie ist bloß ein kleines Mädchen. Schlag sie dir aus dem Kopf Mark Kramer. […]

Plötzlich waren nur noch wir beide da.

„Endlich allein." Ich schenkte ihr mein Lächeln, dem niemand widerstehen kann.

Niemand außer Sam Lopez.

Sie machte einen Schritt auf mich zu, und einen kleinen Augenblick befürchtete ich, sie würde mich schlagen. […]

„Sieh dich vor, Kumpel", sagte sie mit tiefer, fast drohender Stimme, „dass du dich nicht übernimmst." […]

Dann wandte sie sich um und rauschte den Flur entlang, wobei ihre Haare flogen wie der Schwanz eines wütenden Ponys.

Gott, ich liebe dieses Mädchen. Sie wird immer besser.

Aus: Terence Blacker: boy2girl. Weinheim/Basel: Beltz & Gelberg 2006, S. 136 ff.

5 Obwohl Sam wiederholt seine Abneigung gegenüber Mark zeigt, ist dieser noch faszinierter. Jedoch hätte er auch anders reagieren können. Stell dir vor, Mark erwidert die Abfuhr von Sam weniger freundlich und lässt sich das nicht gefallen. Formuliere die Textstelle, die du gerade gelesen hast, entsprechend um.

____

____

____

____

____

____

____

Name:

Klasse / Datum:

Die Talentshow (Seite 1/1)

1 Im letzten Kapitel des Romans kommt es zum Showdown während der Talentshow in der Schule. Lies noch einmal das Kapitel 19 (Seite 251 ff.) und beantworte anschließend die W-Fragen. Arbeite in deinem Heft.

Was ist passiert?

Wer war daran beteiligt?

Wann ist es passiert?

Wo ist es passiert?

Wie ist es passiert?

Warum ist es passiert?

2 Während der Talentshow war natürlich auch die lokale Presse anwesend, die in einem Zeitungsartikel von den Geschehnissen des Abends berichten will.
- Verfasse diesen Zeitungsartikel und berichte darin von den Ereignissen während der Talentshow.
- Beachte dabei die Hinweise in der Box und nutze die Informationen aus Aufgabe 1.
- Präsentiert eure Zeitungsartikel der Klasse und wählt den am interessantesten geschriebenen Artikel aus.

Einen Zeitungsartikel schreiben

- Finde eine interessante und beim Leser Neugier weckende Überschrift (Schlagzeile).
- Beantworte in deinem Zeitungsartikel die W-Fragen.
- Verfasse den Artikel in der Vergangenheit.
- Verwende eine abwechslungsreiche Sprache (abwechslungsreiche Satzanfänge, Synonyme).
- Überprüfe und überarbeite deinen Zeitungsartikel.

Name:

Klasse / Datum:

Wodurch werden Jungen zu Jungen und Mädchen zu Mädchen? (Seite 1/2)

1 Sammelt innerhalb eurer Klasse typische Eigenschaften von Jungen und Mädchen. Nutzt dazu die Methode „Blitzlicht" und notiert eure Antworten an der Tafel. Werft dabei auch einen Blick auf das Bild.

2 Die Lieder „Weil ich ein Mädchen bin" von Tic Tac Toe und „Männer" von Herbert Grönemeyer handeln von Vorstellungen über Verhaltensweisen von Frauen und Männern.
- Hört euch die beiden Lieder im Internet an und notiert euch, welches Bild von Männern und Frauen in den Liedern vermittelt wird.
- Tauscht euch über eure Ergebnisse aus und vergleicht diese mit den Antworten aus Aufgabe 1.
- Bewertet die Melodien der Lieder und besprecht, ob diese zum Inhalt der Liedtexte passen.

3 Erschließe den Text „Typisch Mädchen, typisch Junge" auf der nächsten Seite mit der Fünf-Gang-Lesemethode (vgl. die Box unter dem Text). Vergleicht eure Ergebnisse in der Klasse.

4 Beurteile anhand der Aussagen im Text sowie der zwei Lieder, ob bei Mädchen und Jungen wirklich von typischen Eigenschaften gesprochen werden kann oder ob es sich bei den meisten um Vorurteile handelt.

5 Übertrage deine Ergebnisse beispielhaft auf das Verhalten der Figuren aus „boy2girl".

Name:

Klasse / Datum:

Wodurch werden Jungen zu Jungen und Mädchen zu Mädchen? (Seite 2/2)

Christina Berndt: Typisch Mädchen, typisch Junge

Alles ganz einfach: Mädchen zeigen ihre Gefühle, sie sind in der Schule brav und fleißig, sie spielen mit Puppen und tragen gerne rosa Kleidchen. Jungs tun genau das Gegenteil. Oder etwa nicht? Es steckt wohl wirklich in den Jungen drin, dass sie oft wilder sind als die Mädchen. Denn Jungen haben mehr von dem Hormon Testosteron im Blut, sobald sie etwa vier Jahre alt sind. In der Pubertät haben sie noch viel mehr davon. Und Testosteron macht wild und auch aggressiv. [...]

Aber wenn ein Mädchen mit Pistolen oder Schwertern spielt und sich rauft, verbieten die Erwachsenen das oft. Dabei haben Mädchen eine genauso große Wut im Bauch wie Jungen. Das haben Wissenschaftler aus Berlin herausgefunden. Aber statt zu hauen, schreien sie die Wut eher heraus. Das haben ihnen ihre Eltern eben anerzogen, und außerdem machen die Mütter das meistens auch so. Bestimmt gibt es Jungen, die gerne etwas in Rosa anziehen würden. Aber wenn sie das tun, dann werden sie ziemlich sicher ausgelacht. Rosa ist doch eine Farbe für Mädchen, heißt es dann. Und für Jungs? Ja, für die gibt es Blau. Aber warum mögen viele Mädchen eigentlich so gerne Rosa? Das weiß niemand so genau. Angeboren ist es bestimmt nicht. Und auch nicht unumstößlich. Schließlich war vor hundert Jahren Rosa die Farbe der Jungs. Echt wahr. [...]

In der Schule haben Jungen oft die besseren Noten in Mathematik als Mädchen. Aber das heißt noch lange nicht, dass sie auch besser in Mathe sind. An den schlechteren Noten der Mädchen sind nämlich oft die Lehrer schuld, weil sie die Jungen von vornherein einfach für besser halten. Deshalb geben sie ihnen bessere Noten. Nur ein bisschen sind also auch die Mädchen schuld daran, dass sie in Mathe schlechter abschneiden: Sie lassen sich von den Jungen und den Lehrern und den ganzen Vorurteilen ins Bockshorn jagen. Sie lassen sich einreden, weniger gut zu sein. [...]

Jungs weinen genauso häufig wie Mädchen – und genauso laut. Damit ist eigentlich schon alles gesagt. Denn es zeigt, dass Jungen später nur nicht mehr so oft weinen, weil sie ständig Sprüche hören wie „Ein Indianer kennt keinen Schmerz“ oder „Jungen weinen nicht“. Da bleibt ihnen fast nichts anderes übrig, als sich daran zu halten. [...]

Aus: http://www.sueddeutsche.de/leben/sz-kinderzeitung-geschlechterklischees-typisch-maedchen-typisch-junge-1.1104307.

Die Fünf-Gang-Lesemethode

1. Überfliege den Text. (Thema des Textes erfassen)
2. Stelle Fragen an den Text. (W-Fragen verwenden)
3. Lies gründlich. (Sinnabschnitte bilden, wichtige Stellen markieren)
4. Fasse Wichtiges zusammen. (Inhalt des Textes abschnittweise zusammenfassen)
5. Wiederhole. (Informationen des Textes mit eigenen Worten wiedergeben)

Name:

Klasse / Datum:

Typisch Mädchen – typisch Junge? (Seite 1/1)

1 Ordne die folgenden Figuren aus dem Roman in die Tabelle ein und begründe deine Entscheidung mit Textbelegen. Vergleicht und diskutiert eure Zuordnungen in der Klasse.

Crash | Mrs Burton | Mrs Cartwright | Elena

Gary | Jake | Mark

Matthew | Mr Burton | Ottoleen | Zia

weibliche Figuren mit typischen Eigenschaften	weibliche Figuren mit untypischen Eigenschaften	männliche Figuren mit typischen Eigenschaften	männliche Figuren mit untypischen Eigenschaften

2 Sam tauscht sein Geschlecht und avanciert im Laufe der Handlung zum gefeiertsten Mädchen der Schule. Beschreibe seine Entwicklung als Mädchen und gehe dabei auch auf die zahlreichen Herausforderungen ein, die Sam meistern muss.

3 Sam verkörpert nun nicht gerade das „typische Mädchen“. Begründe, warum Sam dennoch oder gerade deshalb zum heimlichen Star der Schule wird.

4 Setze dich mit der Frage auseinander, ob Sam seine Rolle als Mädchen nur spielt oder ob er sich sogar mit dem weiblichen Geschlecht identifizieren kann.

5 Sam blüht in seiner Rolle als Mädchen immer mehr auf und beginnt sogar mit dem Schreiben eines Tagebuches. Wähle dir eine Situation aus, in der Sam etwas Besonderes erlebt hat, und verfasse dazu einen Tagebucheintrag aus der Sicht von Sam.

Name:

Klasse / Datum:

Jugendgewalt (Seite 1/1)

1 Ist Gewalt für dich in Ordnung? Fülle den folgenden Fragebogen aus und begründe deine Aussagen, nutze dazu die Kästchen im Fragebogen. Besprich deine Ergebnisse mit deinem Partner.

Aussage	Ich stimme zu.	Ich stimme nicht zu.	Ich bin unentschlossen.
Ein bisschen Gewalt gehört einfach dazu, um Spaß zu haben.			
Man muss zu Gewalt greifen, weil man nur so beachtet wird.			
Wenn jemand mich angreift, dann schlage ich auch zu.			
Durch Gewalt sind noch nie Probleme gelöst worden.			
Wenn mich jemand provoziert, dann werde ich schnell gewalttätig.			
Sich friedlich zu einigen ist auf Dauer der bessere Weg, um miteinander auszukommen.			
Es ist völlig normal, wenn Männer sich im körperlichen Kampf mit anderen selbst beweisen wollen.			

2 Recherchiert zum Thema „Jugendgewalt" im Internet. Informiert euch dabei zu den Schwerpunkten **Ursachen, Strafen** und **Prävention** von Jugendgewalt. Arbeitet in Gruppen, wählt anschließend eine Präsentationsform aus und stellt eure Ergebnisse der Klasse vor.

Ihr habt die Wahl:
- Gestaltet eine Collage zum Thema „Jugendgewalt".
- Entwerft ein Plakat mit den wichtigsten Informationen zum Thema „Jugendgewalt".
- Bereitet einen anschaulichen Kurzvortrag zum Thema „Jugendgewalt" vor (ca. 5 min).

Name:

Klasse / Datum:

Frustbewältigung und Anerkennung durch Gewalt? (Seite 1/1)

1 Sam gerät in seinem Leben immer wieder mit Gewalt und Aggression in Berührung. Finde Textstellen, in denen von diesen Erfahrungen berichtet wird. Entscheide anschließend, ob Sam dabei Täter oder Opfer ist.

____

____

____

____

____

2 In Bills Imbiss geht es zu Beginn des Romans heftig her. Lest die Szene (Seiten 27–30) mit verteilten Rollen laut vor. Unterstreicht zunächst mit unterschiedlichen Farben, was die einzelnen Figuren sagen.

3 Bei dem Date zwischen Sam und Mark kommt es ebenfalls zu einer Eskalation. Baut gemeinsam als Klasse oder in Kleingruppen ein Standbild, in dem ihr die Situation im Fußballstadion darstellt. Fotografiert, wenn möglich, euer Standbild und wertet es anschließend aus.

★ Ein Standbild bauen

- Wählt zunächst einen Regisseur aus, der das Standbild baut.
- Verteilt die einzelnen Rollen an die Darsteller.
- Der Regisseur positioniert nun die Darsteller wie Puppen und konstruiert so die Szene.
- Haltet die Szene in einem Foto fest und wertet es anschließend aus.
- Nehmt eventuell nach der Auswertung Änderungen vor und wiederholt das Standbild.

4 Mark hat sich sein Date mit Sam sicherlich ganz anders vorgestellt. Schreibe die Szene im Fußballstadion so um, wie Mark sie sich eigentlich gewünscht hätte. Arbeite in deinem Heft.

5 Besprecht eure Geschichten anschließend in der Klasse.

6 Entwickelt abschließend Hypothesen, in denen ihr Erklärungen für Sams teilweise aggressives Verhalten findet.

____

____

____

____

____

Klett

Name:

Klasse / Datum:

Crash und Ottoleen – Echte Familientypen? (Seite 1/1)

Im Roman „boy2girl" gibt es zwei Spannungsbögen. Neben dem Geschlechtertausch von Sam und der Frage, wann seine Mutprobe auffliegt, hält die Suche von Sams Vater nach seinem Sohn die Spannung beim Leser aufrecht.

1 Lies noch einmal die Textstellen im Roman, in denen du etwas über die Suche von Crash nach seinem Sohn erfährst (Seiten 26 f., 89 ff., 112, 124, 138 ff., 162, 165, 170 ff., 183, 251, 265, 269), und mache dir zu den einzelnen Textstellen kurze Notizen.

____

____

____

____

2 Erzähle mithilfe deiner Notizen aus Aufgabe 1 die Suche von Crash nach seinem Sohn spannend nach. Beachte dabei folgende Tipps für eine Nacherzählung. Tragt euch eure Nacherzählungen in Kleingruppen gegenseitig vor.

Eine Nacherzählung schreiben

- Gib den Sinn der ursprünglichen Geschichte wieder.
- Beachte die richtige Reihenfolge.
- Erzähle den Inhalt mit eigenen Worten.
- Arbeite den Spannungshöhepunkt mit erzählerischen Mitteln heraus.
- Behalte die Zeitform der Vorlage bei.
- Wähle gegebenenfalls unterschiedliche Erzählperspektiven.

3 Nimm zu der Aussage von Ottoleen Lopez Stellung und begründe deine Meinung anhand von Textbelegen.

Terence Blacker: boy2girl (Ausschnitt)

Ottoleen Lopez
Geld? Was für Geld? Mit Geld hat das nichts zu tun, dass Crash sich auf die große Reise begab, um Sam zu finden. [...] Er ist ein Familientyp. Das schätze ich an ihm.

Aus: Terence Blacker: boy2girl. Weinheim/Basel: Beltz & Gelberg 2006, S. 92.

4 Am Ende des Romans wird berichtet, dass Crash und Ottoleen ihr Leben in den Griff bekommen haben, eine Tochter großziehen und ein Restaurant führen. Diskutiert in der Klasse, wie sich das Verhältnis zwischen Sam und seinem Vater weiterentwickeln könnte.

Name:

Klasse / Datum:

Die Erzähltechnik des Romans (Seite 1/1)

1 Der Roman „boy2girl“ ist durch seine außergewöhnliche Erzähltechnik ein besonderes Erlebnis. Beschreibe den verwendeten Erzählstil und erläutere, wie es dem Autor gelingt, die Aufmerksamkeit der Leser zu erreichen.

2 Auffällig ist, dass Terence Blacker alle Figuren zu Wort kommen lässt, nur Sam nicht. Diskutiert, ob es sinnvoll gewesen wäre, auch Sam sprechen zu lassen.

3 Stell dir vor, Sam wäre am Ende des Romans nach der Talentshow doch zu Wort gekommen. Schlüpfe in die Rolle des Autors und formuliere den Text aus der Sicht von Sam. Überlege genau, welchen Sprachstil Sam verwenden würde.

4 Tragt eure Texte der Klasse vor und wertet diese gemeinsam aus.

Name:

Klasse / Datum:

Die sprachliche Gestaltung (Seite 1/1)

1 Der Autor Terence Blacker verwendet in seinem Roman sprechende Namen und auch sonst zahlreiche Anspielungen. Untersuche die folgenden Namen und die Textstellen hinsichtlich ihrer Bedeutung. Stelle dabei einen Bezug zur Handlung des Romans her und mache dir Notizen in die Felder.

Die Bunkerbande	Sams Sternzeichen	Crash
	(Skorpion)	
Song der Doors zu Beginn	**Mrs Cartwright**	**Die Zicken**

2 Suche nach weiteren verwendeten Symbolen im Text und erläutere die übertragene Bedeutung.

____

____

____

3 Trotz der ernsten Themen finden sich im Roman immer wieder witzige Textstellen.
Lies die folgenden Auszüge und erkläre, was an den jeweiligen Situationen komisch ist.
- Sam verprügelt Gary (Seiten 210–212).
- Sam ist mit dem Gespräch über Menstruation überfordert (Seite 87 f.).
- Crash leiht sich ein Auto (Seiten 138–141).

4 Wählt in der Klasse die witzigste Stelle des Romans aus. Diese muss auch nicht in Aufgabe 3 genannt sein. Begründet eure Auswahl und tragt sie entsprechend vor.

5 Jede Figur hat ihren eigenen Sprachstil. Analysiere die Sprechweise der genannten Figuren.
Arbeite mit deinem Partner und tauscht euch über eure Ergebnisse aus.

Matthew: ______________________________

Elena: ______________________________

Mrs Cartwright: ______________________________

Ottoleen: ______________________________

Mr Burton: ______________________________

Jake: ______________________________

Name:

Klasse / Datum:

„boy2girl“ als Hörerlebnis (Seite 1/2)

1 Ihr habt euch nun schon intensiv mit der Geschichte von Terence Blacker auseinandergesetzt. Wählt aus dem Roman eure Lieblingsszene aus und gestaltet diese als Hörspiel. Arbeitet in Gruppen und folgt dem Leitfaden.

Leitfaden zur Produktion eines Hörspiels (1)

Beim Produzieren eines Hörspiels ist Teamarbeit gefragt, denn es müssen vielfältige Aufgaben bewältigt werden.

Einen Buchausschnitt in ein Hörspielmanuskript umschreiben

Überlegt, welche Texte eure Figuren sprechen sollen und ob es einen Erzähler geben soll.
- Diskutiert, ob Stellen gestrichen werden und Ergänzungen gemacht werden müssen.
- Klärt, wie eure Figuren sprechen sollen.
- Besprecht, an welchen Stellen Geräusche und Musikeinspielungen geeignet sind, und notiert dies in eurem Manuskript an den entsprechenden Stellen.
- Legt fest, wer welche Aufgaben bei der Produktion übernimmt.

Manuskript: ______

Name:

Klasse / Datum:

„boy2girl“ als Hörerlebnis (Seite 2/2)

Leitfaden zur Produktion eines Hörspiels (2)

Die Aufnahme vorbereiten und durchführen

- Bei der Aufnahme ist es wichtig, dass ihr einen Raum findet, in dem es keine Fremd- oder Nebengeräusche gibt.
- Bereitet die einzelnen Musikeinspielungen und Geräusche für die Aufnahme vor.
- Probt zunächst euer Hörspiel, ohne es aufzunehmen, um mögliche Schwierigkeiten zu erkennen.
- Nutzt ein geeignetes Aufnahmegerät (Diktiergerät, Computer, Handymikrofon) und nehmt euer Hörspiel auf.

Leitfaden zur Produktion eines Hörspiels (3)

Die Aufnahme am Computer bearbeiten

- Zunächst müsst ihr die Audiodatei von dem Aufnahmegerät kopieren und auf den Computer spielen.
- Mit einem entsprechenden Programm könnt ihr euer Hörspiel im Nachhinein bearbeiten, z.B. Versprecher herausschneiden, nachträglich Musik einfügen usw.
- Speichert schließlich das fertige Hörspiel auf einer CD oder einem USB-Stick.

Leitfaden zur Produktion eines Hörspiels (4)

Das fertige Hörspiel präsentieren

- Organisiert euch ein Abspielgerät und präsentiert eurer Klasse das Hörspiel.
- Erläutert anschließend kurz eure Überlegungen zur Gestaltung des Hörspiels.
- Holt euch zum Abschluss noch ein Feedback von euren Mitschülern.

Hinweis: Ihr könnt euch als Klasse auch gemeinsam über die zu produzierenden Hörspielausschnitte einigen. Damit könnt ihr Wiederholungen vermeiden und ein breiteres Spektrum des Romans abdecken.

2 Macht euer Hörspiel einem breiteren Publikum zugänglich. Stellt dazu den Ausschnitt entweder auf eurer Schulhomepage online oder auf einer Internetplattform. Stellt aber vorher sicher, dass alle Gruppenmitglieder mit einer Veröffentlichung einverstanden sind.

3 Sammelt nach der Veröffentlichung weitere Bewertungen zu euren selbst produzierten Hörspielen.

Name:

Klasse / Datum:

„boy2girl" als Theaterstück (Seite 1/2)

1 „boy2girl" wurde auch als Theaterstück inszeniert. Sucht im Internet und seht mögliche Filmausschnitte einer Theateraufführung an. Besprecht anschließend eure ersten Eindrücke der Inszenierung in der Klasse.

2 Betrachte die Bildausschnitte der Theateraufführung der Kulturwerkstatt Kaufbeuren im Jahre 2013.
- Mache dir Notizen zu Bühnenbild, Schauspielern, Kostümen und Auffälligkeiten.
- Tauscht euch über eure Ergebnisse in der Klasse aus.

____

____

____

____

____

3 Vergleiche deine Eindrücke von der Theateraufführung mit deinen eigenen Leseerfahrungen.
- Entscheide, ob die Schauspieler dem Charakter der Figuren aus dem Roman gerecht werden.
- Bewerte das Bühnenbild und überlege, ob es die Handlungsorte des Romans widerspiegelt.
- Beurteile, ob es den Schauspielern gelingt, die Grundstimmung des Romans zu vermitteln.
- Diskutiert eure Ergebnisse in Kleingruppen.

4 Lies die Rezension zur Aufführung von „boy2girl" in der Kulturwerkstatt Kaufbeuren.
- Kennzeichne im Text, wo die Redakteurin lediglich den Inhalt des Stückes erzählt bzw. Stellen, in denen sie die Aufführung bewertet. Markiere mit unterschiedlichen Farben.
- Überprüfe, ob du der Bewertung der Redakteurin zustimmen kannst.

5 Würdest du das Theaterstück gern sehen? Welche Ideen erscheinen dir gelungen? Überlege Dinge, die für dich in einer Inszenierung wichtig wären.

Name:

Klasse / Datum:

„boy2girl“ als Theaterstück (Seite 2/2)

Daniela Hollrotter: Vom Supermacho zum herzigen Girlie

Kulturwerkstatt „Boy2Girl“ mit entlarvenden Einblicken in Klischees

Kaufbeuren – Vom brutalen Supermacho zum herzigen Girlie? Kein Ding der Unmöglichkeit. In „Boy2Girl“ zumindest bringt diese Wandlung dem Protagonisten Glück – und den Zuschauern ebenso witzige wie entlarvende Einblicke in Mädchencliquen, Jungengangs, die Kluft zwischen beiden sowie zwischen Müttern und Söhnen. In einer temporeichen Inszenierung präsentiert die Kaufbeurer Kulturwerkstatt mit einem toll aufspielenden Ensemble ein Teenie-Stück, an dem auch die Älteren großen Spaß haben.

Mitten ins Geschehen

In Minutenschnelle holt das Ensemble der Kulturwerkstatt die Zuschauer mitten ins Geschehen an einer britischen Schule: Da gibt es Sam, den Amerikaner, der nach dem Tod seiner ausgeflippten Mutter bei deren biederer Schwester unterkommt. Dann sind da sein Cousin Matt und seine Bande, die Sam mit seiner Aggressivität gleich vor den Kopf stößt und die ihm deshalb als „Mutprobe“ die Wandlung zum Mädchen auferlegt.

Außerdem gehören zu dem Stück nach Terence Blackers Roman noch ein paar Erwachsene, die nicht ohne Maske auskommen, sowie die bestimmende Girlie-Gang mit gnadenlos guter „Tussi“, einer „Streberin“ und einer Öko-Tante. Wie auf ihren T-Shirts festgeschrieben, erfüllen sie alle perfekt ihre Klischees – und treffen dabei doch zielsicher ins Schwarze.

„Wie im richtigen Leben“, meinte eine Zuschauerin etwa zu der Mädchenclique „Lipsticks“, die sich ausschließlich mit Lipgloss, Klamotten, den ersten Tagen und bewundernswert sicher gemeisterten Stöckelschuhen befasst. Sie ließ die Zuschauer miterleben, wie Anbiederungsversuche der „Streberin“ gnadenlos abprallen, wie schnell sich „beste Freundinnen“ abwechseln und dass auch bei den Mädchen Zickenkriege handgreiflich werden können.

Die Jungs aus Matts Gang wiederum zeigen, dass sie Außenseiter wie „Schlumpf“ Jim ebenso wenig in ihren Kreis lassen wie die Zicken und dass sie nur eines sein wollen: cool. Doch was untereinander mit überspitzten Begrüßungsritualen bestens gelingt, erweist sich in Anwesenheit der Mutter als äußerst problematisch. Deshalb bieten die Mutter-Sohn-Szenen, insbesondere zwischen Tyrone und seiner Mum, herrlich komische Einblicke in ein Stück Familienrealität.

Das Tüpfelchen auf dem i gelingt den Regisseurinnen Nadja Ostertag und Hannah Rieger dabei und in manch anderen der flashartigen Szenen mit Sprechblasen, die den Zuschauern die Gedanken der Protagonisten offenbaren: „Mum, du bist echt peinlich!“

Großen (Slapstick-)Spaß machen aber auch Sams „Date“ mit Tyrone und die großartig-schrille neue Frau seines Vaters, des Ex-Knackis Crash, der hinter Sams Erbschaft her ist. Passend zum Zielpublikum verwendet die Kulturwerkstatt neben der direkten Ansprache der Zuschauer auch Auszüge aus Facebook-Chats und Sprechblasen-Schilder („Omg“) zur besonderen Untermalung einzelner Szenen und gestaltet die Inszenierung damit ebenso abwechslungsreich wie witzig. Als Hintergrund genügen Würfel, die je nach Szene und Nutzer in unterschiedlichen Farben leuchten – und eine Musik, die haargenau zur Handlung passt.

Aus: Allgäuer Zeitung vom 05.03.2013.

Name:

Klasse / Datum:

Eine eigene Theateraufführung gestalten (Seite 1/3)

1 Lies noch einmal das Ende des Romans (Seite 281) und beschreibe, wie dieses auf dich wirkt.

2 Ihr sollt nun mit dem Romanschluss arbeiten, indem ihr kurze eigene Theaterszenen inszeniert. Bildet Gruppen und teilt die Szenen untereinander auf.

Gruppe 1:
Crash und Ottoleen –
eine glückliche Kleinfamilie?

Gruppe 2:
Zicken und Bunkerbande –
Freunde fürs Leben?

Gruppe 3:
Sam und die Burtons – endlich
Halt in der Familie gefunden?

Gruppe 4:
Sam und die Gang –
ein vollwertiges Mitglied?

Gruppe 5:
Sam und Zia –
die große Liebe?

3 Überlegt anhand der Informationen aus dem Romanschluss, wie es mit den einzelnen Figuren weiter geht, und sammelt so Ideen für die Szenen.

____

____

____

____

4 Plant nun in der Gruppe eure Theateraufführung. Arbeitet dabei die folgenden Aufgaben systematisch ab.
- Schreibt zunächst den Text für das Theaterstück. Um eine Szene spielen zu können, muss dieser aus Monologen, Dialogen und Regieanweisungen bestehen. Beachtet dies bei der Planung und arbeitet im Heft.
- Gestaltet nun ein Bühnenbild für eure Aufführung und skizziert es.

Name:

Klasse / Datum:

Eine eigene Theateraufführung gestalten (Seite 2/3)

- Beschäftigt euch noch einmal intensiv mit den einzelnen Figuren des Theaterstücks. Untersucht ihre Eigenschaften und Verhaltensweisen (ihr könnt dabei auf die Ergebnisse der vorherigen Stunden zurückgreifen).
- Teilt die Figuren den einzelnen Schauspielern zu. Erprobt anschließend eure Figuren (Gesten, Mimik, Sprechweise usw.).
- Besprecht nun noch, welche Kostüme ihr benötigt und wer was organisieren kann.
- Überprüft anhand der folgenden Checkliste noch einmal, ob ihr für das Theaterstück an alles gedacht habt. Füllt die Felder dabei aus.

Checkliste: Vorbereitung der Szene

Bühnenbild	**Umbau/Szenenwechsel**	**Requisiten**
✓ ____	✓ ____	✓ ____
✓ ____	✓ ____	✓ ____
✓ ____	✓ ____	✓ ____
✓ ____	✓ ____	✓ ____
✓ ____	✓ ____	✓ ____
Rollenverteilung	**Kostüme**	**Publikum**
✓ ____	✓ ____	✓ Sitzmöglichkeiten
✓ ____	✓ ____	✓ gute Sicht auf die Bühne
✓ ____	✓ ____	✓ ____
✓ ____	✓ ____	✓ ____
✓ ____	✓ ____	✓ ____

- Lernt nun euren Rollentext auswendig und probt das Stück.

5 Führt nacheinander die fertigen Szenen auf.

6 Als Zuschauer habt ihr die Aufgabe, die spielende Gruppe einzuschätzen. Nutzt dazu die Checkliste (nächste Seite) und vervollständigt diese, während ihr die einzelnen Aufführungen anseht.

7 Besprecht anschließend in der Klasse die einzelnen Stücke und gebt den Akteuren noch einige Hinweise und Tipps zur Verbesserung.

8 Es wäre schade, die Theaterstücke nur in so kleinem Kreis aufzuführen. Organisiert deshalb einen Elternabend, in dem ihr die Theaterstücke noch einmal euren Eltern vorspielt. Überarbeitet diese gegebenenfalls vorher noch einmal.

Name:

Klasse / Datum:

Eine eigene Theateraufführung gestalten (Seite 3/3)

Auswertungsbogen für die Theateraufführungen

Gruppe	Einzelne Schauspieler	Zusammenspiel der Akteure	Gestaltung des Bühnenbildes	Kostüme und Requisiten	Sonstige Bemerkungen
1					
2					
3					
4					
5					

Name:

Klasse / Datum:

Den Roman abschließend bewerten (Seite 1/3)

1 Informiere dich im Internet über den Autor Terence Blacker und notiere die wichtigsten Informationen. Du wirst sicherlich viele englischsprachige Seiten finden, bitte daher, wenn nötig, deinen Englischlehrer um Hilfe.

2 Stell dir vor, du hast die Möglichkeit, Terence Blacker zu interviewen.
- Schreibe Fragen auf, die dich brennend interessieren und die du dem Autor zu seinem Roman „boy2girl" stellen würdest.
- Tausche mit deinem Partner die Interviewfragen und beantworte diese aus der Sicht von Terence Blacker.

Frage 1: ______

Antwort: ______

Frage 2: ______

Antwort: ______

Frage 3: ______

Antwort: ______

Frage 4: ______

Antwort: ______

Frage 5: ______

Antwort: ______

3 Besprecht anschließend eure Antworten und einigt euch auf fünf Fragen und Antworten, die ihr dann der Klasse in einem fiktiven Interview präsentiert. Legt dabei fest, wer den Reporter und wer den Autor darstellt.

Name:

Klasse / Datum:

Den Roman abschließend bewerten (Seite 2/3)

4 Der Roman „boy2girl“ wird von den meisten Literaturkritikern sehr positiv bewertet und ist mittlerweile auch in vielen Klassenzimmern als Schullektüre zu finden.
- Lies die Rezension zu „boy2girl“.
- Unterstreiche alle Textstellen, in denen der Verfasser seine Meinung zum Werk wiedergibt. Vergleiche deine Ergebnisse mit deinem Partner.

Ulf Cronenberg: Rezension: Terence Blacker „boy2girl“

„boy2girl“ spielt virtuos mit Mädchen- und Jungen-Klischees – und das ist einfach amüsant und kurzweilig zu lesen. Wie Sam sich zunächst äußerlich als Mädchen ausgibt und sich dann nach und nach auch innerlich mit seiner neuen Rolle identifiziert, gibt ein schönes Verwirrspiel ab. Spätestens als Sam die ersten Angebote für Dates bekommt, kippt das Spiel jedoch und entpuppt sich als ernster als zunächst gedacht.

Die witzige Idee für dieses Buch wird durch den Schreibstil von Terence Blacker unterstützt. Die Geschichte wird nicht aus einer Perspektive erzählt, sondern die erzählende Person wechselt ständig. Nicht nur die anderen Jugendlichen kommen dabei zu Wort, sondern auch Lehrer, die Schulleiterin, ein Polizist und viele andere mehr. Dabei wird oft mitten in der Handlung die Perspektive gewechselt – und wenn man dann mitbekommt, wie z.B. der etwas dickliche Tyrone eine Szene schildert, die dann aus der Sicht seiner Mutter weitererzählt wird, dann muss man immer wieder mindestens schmunzeln, manchmal sogar laut lachen. Denn die Figuren in „boy2girl“ sind herrlich karikiert: Tyrones Mutter, die von ihrem Sohn immer so begeistert ist und sich für eine moderne Mutter hält (dabei aber auch jedes peinliche Detail über ihren Sohn an ihre Freundinnen weitererzählen muss); oder Mrs Cartwright, die Schulleiterin, die sich in ihr Aktenzimmer verzieht, um dort schreiend Dampf abzulassen (was Sam dann auch noch mitbekommt!).

„boy2girl“ ist ein witziges Buch, das man schnell und mit Begeisterung liest. Ein klein wenig fehlt mir vielleicht (aber das ist möglicherweise eine Erwachsenen-Marotte) manchmal etwas Tiefgang, weil die Figuren zu sehr überzeichnet sind – aber letztendlich ist es genau das, was dieses Buch auch zu etwas Besonderem macht: „boy2girl“ ist eher eine Komödie mit ernstem Hintergrund, als dass es darum geht, tiefschürfende Gedanken zu äußern.

Terence Blacker unterhält seine Leser mit diesem Buch jedenfalls gut – und wer mal wieder etwas Amüsantes lesen will, der liegt mit diesem Roman sicherlich nicht falsch.

Aus: http://ulfcronenberg.macbay.de/wordpress/2008/05/23/buchbesprechung-terence-blacker-boy2girl/.

5 Fasse die Meinung des Rezensenten mit eigenen Worten kurz zusammen. In welchen Punkten stimmst du mit ihm überein, in welchen nicht?

____

____

____

____

Name:

Klasse / Datum:

Den Roman abschließend bewerten (Seite 3/3)

6 Lies dir die Merkmale einer Rezension in der Box genau durch. Untersuche in der Rezension zu „boy2girl“, ob alle Kriterien berücksichtigt wurden.

Eine Rezension schreiben

Eine Rezension ist eine kritische objektive Bewertung eines Werkes (= Buchbesprechung).
Deine Rezension sollte folgendermaßen aufgebaut sein und dabei bestimmte Fragen beantworten:

- Die Überschrift sollte die Aufmerksamkeit des Lesers auf sich ziehen. Nenne darin auch den Titel und Autor des Buches.
- Beginne deine Rezension mit der Beschreibung des Buchcovers. (Ist es ein Taschenbuch oder gebunden? Besitzt es einen Schutzumschlag? Ein Lesebändchen? Wie ist das Cover gestaltet? Wie wirkt es auf dich?)
- Hebe weitere Besonderheiten des Layouts hervor. (Gibt es Illustrationen im Buch? Ist die Schrift eher groß oder klein? Gibt es andere gestalterische Besonderheiten?)
- Verfasse eine kurze Inhaltsangabe, aber verrate nicht zu viel! Du darfst auch Fragen stellen, um Spannung zu erzeugen oder aus dem rezensierten Buch zitieren.
- Beurteile den Inhalt des Romans. (Wie gefällt dir die Geschichte? Was genau gefällt dir, was vielleicht nicht?)
- Ein Fazit soll dem Leser eine schnelle Orientierung bieten, ob das Buch für ihn geeignet ist. (Welchem Genre ist das Buch zuzuordnen? Ist es eher für Jungen oder für Mädchen geeignet? Für welches Lesealter ist es empfohlen? Schließt du dich dieser Empfehlung an?)
- Denke daran, deine Rezension im Präsens zu verfassen.

7 Verfasse nun eine eigene Rezension. Beachte die Box und arbeite in deinem Heft.

8 Tausche den Text mit deinem Banknachbarn. Überprüft eure Texte in Form einer kleinen Schreibkonferenz.

9 Lest die Rezensionen laut vor. Überprüft, ob alle Kriterien berücksichtigt wurden.

Name:

Klasse / Datum:

Klassenarbeit (Seite 1/1)

Terence Blacker: boy2girl (Ausschnitt)

Der folgende Textausschnitt stammt aus dem 17. Kapitel des Romans. Jake resümiert ein Gespräch zwischen ihm und Sam über seinen Vater.

Jake

Es gibt Sachen, über die kann man nicht reden. Matt und Tyrone wussten, dass ich es zu Hause ziemlich schwer hatte – das sah ich in ihren Augen, hörte es an ihren Stimmen. Wenn sie in jenen Tagen zu mir sagten: „Alles klar?“, war das mehr als bloß eine Begrüßung. Aber über solche Sachen zu reden ist einfach oberpeinlich.

Trotzdem lasteten mir die Probleme wie ein Sack Zement auf den Schultern. Früher, als meine Familie noch vollständig war, hätte ich mit meiner Mum reden können oder vielleicht sogar mit meiner Schwester Chrissie, aber das ging nicht mehr.

Denn aus jedem Gespräch wäre innerhalb von Sekunden eine Diskussion entstanden. Und aus der Diskussion hätte sich ein Streit entwickelt mit großem Schmutzige-Wäsche-Waschen. Dass ich nie im Haushalt half. Dass ich nie redete. Dass ich mich nicht um meine kleine Schwester Lily kümmerte. Dass ich ein grober Klotz war. Dass ich nutzlos war.

„Typisch Mann“, würde meine Mum sagen.

„Macho-hoch-fünf“ würde Chrissie hinzufügen. [...]

Am Freitag in der Mittagspause, als ich froh war, auf dem Hof ein bisschen allein zu sein, kam Sam Lopez, Teufelsweib und Held der Schule. [...]

„Wie geht's deinem Alten?“ Aus heiterem Himmel.

„Gut“, sagte ich automatisch.

„Also hast du nicht mit ihm geredet, stimmt's? [...] Glaub mir, manchmal muss man selber den ersten Schritt tun.“

„Danke für den Rat, Mr Familienberater.“

Vor ein paar Wochen wäre Sam an der Stelle ausgeflippt, aber jetzt lächelte er bloß. [...]

Aus: Terence Blacker: boy2girl. Weinheim/Basel: Beltz & Gelberg 2006, S. 228 f.

1 Lies den Textauszug gründlich und fasse den Inhalt mit eigenen Worten kurz zusammen.

2 Charakterisiere Jakes Familienleben und beschreibe, welche Probleme sich für ihn daraus ergeben.

3 Erkläre mithilfe des Textauszugs die Gefühlslage von Jake. Belege deine Aussagen mit Beispielen aus dem Text.

4 Sam gibt Jake schließlich den Rat, seinen Vater zu kontaktieren und ihn zur Talentshow einzuladen. Jake ist sich nicht sicher, ob er auf Sam hören soll, und denkt noch eine Weile darüber nach. Verfasse aus der Sicht von Jake einen inneren Monolog, in dem du Jake über Sams Vorschlag nachdenken lässt.

Name:

Klasse / Datum:

Klassenarbeit: boy2girl – Die Inszenierung (Seite 1/1)

Jugendliche der Kulturwerkstatt Kaufbeuren haben den Roman „boy2girl“ als Theaterstück inszeniert. Dafür haben sie natürlich auch die einzelnen Figuren mit Schauspielern besetzt.

1 Betrachte die Schauspieler der Inszenierung von „boy2girl“.
- Charakterisiere zunächst die drei Figuren aus dem Roman. Gehe dabei auf äußere und innere Merkmale ein.
- Prüfe anhand deiner Charakterisierung und deiner Leseerfahrungen, ob die Besetzung und Kostüme den Figuren aus dem Roman gerecht werden.

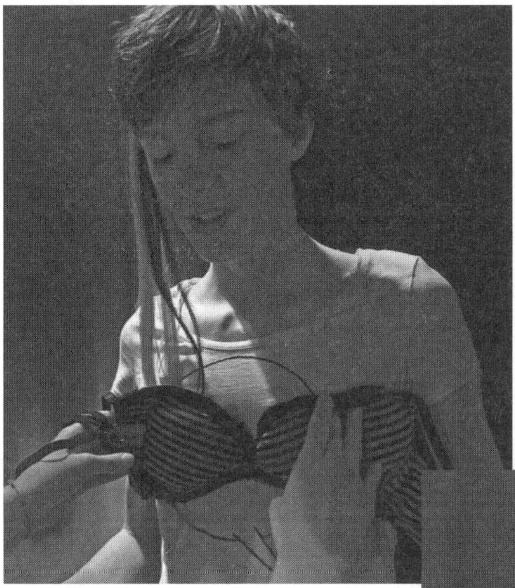

Sam Lopez

Mrs Cartwright

Crash Lopez

2 Stell dir vor, Sams Mutprobe wäre bei der Talentshow nicht aufgeflogen. Entwickle alternative Ideen, wie Sam aus der Sache wieder herausgekommen wäre. Diskutiere dabei, welche Folgen das auf das Ende des Romans gehabt hätte.

3 Ein Schüler hat sich wie folgt zu dem Roman geäußert: „Ich fand das Buch besonders unterhaltsam, weil fast alle Personen mal zu Wort kommen.“ Entscheide, ob du der Einschätzung zustimmen kannst oder nicht, und begründe deine Meinung.

Name:

Klasse / Datum:

Analyse und Interpretation

Terence Blacker: boy2girl

Zur Biografie von Terence Blacker

Terence Blacker wurde am 05. Februar 1948 in Hadleigh in Suffolk geboren. Nach seinem Studium begann er sein Arbeitsleben als Amateur-Jockey und Buchhändler, bevor er im Verlagswesen tätig wurde. Er arbeitete unter anderem als Lektor und Herausgeber. Seit 1983 widmet er sich ausschließlich seiner Tätigkeit als Schriftsteller, Journalist und Kolumnist. Er schreibt regelmäßig für Zeitungen. Bis 2013 erschien eine wöchentliche Kolumne in „The Independent". Außerdem lehrt er als Gastprofessor an einer Universität „Schreiben". Sein erstes Kinderbuch erschien 1987 unter dem Titel „If I Could Work". Sein bekanntestes und erfolgreichstes Werk ist die „Miss-Wiss"-Kinderbuchserie. Blacker lebt mit seiner Familie in London.

Zum Inhalt von „boy2girl"

Zu Beginn der großen Ferien wird Matthew Burton mit seiner Familie vor eine schwierige Situation gestellt, denn Matthews gleichaltriger amerikanischer Cousin Sam Lopez soll bei den Burtons in London leben, weil Sams Mutter Gail bei einem Autounfall ums Leben gekommen ist und sein Vater Crash im Gefängnis sitzt. In den ersten Tagen verhält sich Sam seiner „neuen" Familie und auch Matthews Freunden Jake und Tyrone gegenüber unhöflich und zurückweisend. Im Gegenzug sind Matthew und seine Freunde, die sich zur Bunkerbande zusammengeschlossen haben, Sam gegenüber abweisend und überlegen sich eine Mutprobe für ihn, damit er in die Bunkerbande aufgenommen werden kann. Er soll in der ersten Schulwoche an seiner neuen Schule, der Bradbury-Hill-Schule, als Mädchen verkleidet erscheinen. Nebenbei wollen die Freunde so die Geheimnisse ihrer Intimfeindinnen, einer Mädchengruppe, die sich „Zicken" nennt und zu der Zia, Charley und Elena gehören, herausfinden. Zunächst zögert Sam, willigt dann aber ein und lebt sich in den verbleibenden Wochen der Ferien besser in seiner neuen Umgebung ein.

Als der erste Schultag bevorsteht, verwandelt sich Sam in Samantha. Das Schuljahr beginnt traditionell mit einer großen Schulversammlung, in der Sam seinen ersten großen Auftritt als Mädchen hat. Vor allem das selbstbewusste Auftreten gegenüber der Schulleiterin Mrs Cartwright bringt Sam Anerkennung bei den Mitschülern. Dennoch bergen der Schulalltag und das Leben als Mädchen jede Menge Herausforderungen für Sam, die er jedoch geschickt meistert. Dabei müssen die Jungs der Bunkerbande feststellen, dass Sam in seiner Rolle als Mädchen geradezu aufblüht und somit seine Mutprobe bestens meistert. Dank Sam ändert sich auf der Bradbury-Hill-Schule einiges. Die typischen Verhaltensweisen von Jungen und Mädchen werden durcheinandergewirbelt. Mädchen spielen mit Sam American Football und die Jungs fangen an, sich über ihre Gedanken und Gefühle zu unterhalten. Sam lässt sogar Mark Kramer, den größten Mädchenschwarm der Schule, auflaufen. Er düpiert nicht nur ihn, sondern immer wieder auch die Schulleiterin und die Lehrer. Sam avanciert an der Schule regelrecht zum beliebtesten Mädchen. Darüber hinaus verliebt sich Zia in Sam und dieser verspürt in seiner Rolle als Mädchen zum ersten Mal in seinem Leben Erfolg und Anerkennung.

Diese sicher nicht einfache Grundsituation wird dadurch schwieriger, dass Sams krimineller Vater Crash Lopez erfahren hat, dass Sam ein beträchtliches Vermögen geerbt hat, was sein Interesse an ihm weckt. Auch die Burtons werden über Sams Erbe informiert und wollen ihm zunächst noch nichts davon erzählen. Diese Entscheidung müssen sie bald revidieren, denn Crash Lopez kommt nach London, um Sam zu suchen. Die Burtons beschließen gemeinsam mit Matthew und Sam, dass dieser seine Mädchenrolle zunächst weiterspielen soll, damit ihn sein durchgeknallter Vater nicht findet. Leider funktioniert der Plan nicht allzu lange und Crash spürt Sam auf.

Bei der alljährlichen Talentshow der Bradbury-Hill-Schule kommt es zum Showdown. Als Sam gerade mit der Mädchengruppe um Zia und Elena seinen großen Auftritt hat, erkennt ihn sein Vater, und Sam gibt sich der ganzen Schule als Junge zu erkennen. Crash Lopez will seinen Sohn sofort mitnehmen, doch Sam weigert sich. Im Büro der Schulleiterin rechnet Sam mit seinem Vater ab und am Ende weiß er, dass er zu den Burtons gehört und bei ihnen leben möchte. Der Rollentausch als Mädchen hat es Sam ermöglicht, seinen Platz im Leben zu finden.

Figurenkonstellation

Im Mittelpunkt des Romans steht Sam Lopez. Zu Beginn der Handlung tritt er einerseits sehr zurückhaltend, andererseits aber auch unhöflich und vulgär auf. Dabei sind natürlich der Tod seiner Mutter sowie der Umzug nach London prägende Lebenseinschnitte für ihn. Doch im Laufe der Handlung vollzieht Sam eine beachtliche Entwicklung. Dank des Rollentausches, bei dem Sam eine andere Perspektive kennenlernt und sich mit den Verhaltensweisen des anderen Geschlechts auseinandersetzt, reift er bis zum Ende des Romans zu einem verantwortungsbewussten und selbstbewussten jungen Menschen, der schließlich seinen Platz bei den Burtons findet. Es gelingt Sam, aus den typischen Rollenmustern eines Jungen auszubrechen und sich von seinem gewaltbereiten Vater Crash Lopez zu befreien.

Neben Sam spielt Matthew eine zentrale Rolle. Er fungiert in gewisser Weise als wichtigste Erzählerfigur, die den Leser vor allem zu Beginn des Romans in die Geschichte einführt. Matthew erweist sich als ein einfühlsamer und geduldiger Junge, der sich in schwierigen Situationen nicht scheut, die Initiative zu ergreifen und Entscheidungen zu treffen. Somit tritt Matthew von Beginn an nicht mit den „geschlechtstypischen" Verhaltensweisen auf. Auch sein Vater entspricht nicht den Klischees über Männer, denn er schmeißt zum Beispiel den Haushalt bei den Burtons. Andere Figuren sind vom Autor genderspezifisch gestaltet. Elena, Zia und Charley, die Mitglieder der Zicken, weisen sehr weibliche Charakterzüge auf. Sie sind sehr gefühlsbetont und erfüllen die von Mädchen häufig erwarteten Verhaltensmuster. Mrs Burton und die Schulleiterin Mrs Cartwright dagegen erfüllen diese Vorstellungen nicht. Typisch männlich gestaltet sind Crash Lopez, Jake, Mark Kramer und Gary. Sie weisen zum Teil eine hohe Gewaltbereitschaft auf und halten wenig davon, über Gefühle oder Probleme zu sprechen. Dennoch durchleben viele der Personen im Laufe der Handlung eine interessante Entwicklung. Beispielsweise erlebt der Leser, wie es Mr Burton in der Auseinandersetzung mit Crash Lopez gelingt, mit seinen Mitteln für die eigenen Ziele und Vorhaben einzutreten. Jake hingegen schafft es, sich mit seinem Vater auseinanderzusetzen, und er lernt, über seine Probleme und Gefühle zu sprechen.

Terence Blacker hat in seinem Roman eine Vielzahl interessanter Figuren geschaffen, die sich dem Leser nach und nach erschließen, vor allem dadurch, dass fast jede Figur zu Wort kommt und so die Chance erhält, die Geschehnisse aus der eigenen Perspektive zu schildern.

Sprache und Stil

Der Roman „boy2girl" hat eine außergewöhnliche Erzähltechnik. Terence Blacker lässt die Protagonisten seiner Geschichte selbst in kurzen, im Präteritum formulierten Erzählabschnitten zu Wort kommen und ihre Erfahrungen, Gefühle und Handlungen reflektieren. Somit wird der Roman aus der Ich-Perspektive der einzelnen Figuren erzählt, was das Lesen abwechslungsreich macht. Darüber hinaus gelingt es dem Autor, für jede Figur einen eigenen Sprachstil zu entwickeln, der ihre Persönlichkeit zum Ausdruck bringt. Besonders interessant ist die Tatsache, dass alle handelnden Figuren zu Wort kommen, außer Sam selbst. Damit entsteht eine spannende Leerstelle und Sam wird lediglich über die Beobachtungen der anderen widergespiegelt.

Die Texte der vielen Figuren enthalten zahlreiche witzige Passagen, besonders wenn es um den Geschlechtertausch geht, was für großen Lesespaß sorgt.

Zeit- und Raumgestaltung

Der Roman erstreckt sich auf 281 Seiten in 19 Kapiteln. Die Handlung bezieht sich auf den Zeitraum der Sommerferien und vor allem auf die erste Schulwoche. Die Geschichte spielt in London, beschränkt sich jedoch zum großen Teil auf Sams häusliches Lebensumfeld sowie die Bradbury-Hill-Schule. Insgesamt bleiben die Handlungsorte jedoch unspezifisch und können somit leicht übertragen werden.

Themen und Motive

Bei „boy2girl" handelt es sich um einen Jugendroman, der verschiedene Themen auf eine jugendgerechte, humorvolle, aber auch tiefgründige Art anspricht. Im Mittelpunkt steht zum einem die Entwicklung von Sam zu einem verantwortungsbewussten und selbstbestimmten jungen Menschen. Zum anderen sind aber auch die Geschlechterrollen ein dominierendes Thema der Geschichte. Dabei wird deutlich, dass Geschlechterrollen in der Regel von der Gesellschaft bestimmt sind und man sich von überkommenen Klischees langsam, aber sicher verabschieden muss. Weiterhin steht Gewalt immer wieder im Fokus. Vor allem zu Beginn ist es Sam, der durch Aggressionen auffällt. Diese resultieren aus seiner Unzufriedenheit mit sich selbst und seiner Lebenssituation.

Daneben gibt es noch zahlreiche andere Themen wie Freundschaft, Familie oder das Erwachsenwerden. Terence Blacker gelingt es faszinierend, sich in die eigene Welt der Jugendlichen einzufühlen und sie für den jungen Leser so greifbar zu machen. An diesem Themenspektrum zeigt sich, dass der Roman für eine intensive Auseinandersetzung im Unterricht geeignet ist.

Kommentare und Lösungen

Modul 1: Zugänge

Intention	Das Modul schafft erste Zugänge zum Roman. Dabei wird das Leseinteresse geweckt und die Schüler werden für die Arbeit mit der Lektüre motiviert.
Zeitbedarf	1 Unterrichtsstunde (KV 1.1)
Material	KV 1.1 (obligatorisch)
Didaktische Hinweise	KV 1.1 wird vor der Lektüre eingesetzt. Im Verlauf der Lektüre bzw. am Ende der Unterrichtseinheit wird auf die Erwartungen der Schüler eingegangen.
Sozialformen	Unterrichtsgespräch/Einzelarbeit/Partnerarbeit
Zielvorstellungen/ Kompetenzbeschreibungen KV 1.1	Die Schülerinnen und Schüler erwerben und verfügen über folgende Kompetenzen: Sie - formulieren Erwartungen zum Inhalt des Romans. - beschreiben das Cover und analysieren den Titel. - diskutieren über den Sinn und Zweck von Mutproben.
Durchführung/ Unterrichtsschritte KV 1.1	1. Die Schüler betrachten Cover sowie Titel und notieren ihre spontanen Gedanken. Die Zettel werden an die Tafel geheftet und ausgewertet. 2. Die Schüler lesen den Klappentext und vergleichen die Informationen mit ihren Ergebnissen aus A1. 3. Sie entwickeln in Partnerarbeit einen möglichen Handlungsverlauf. Die dabei entstandenen Cluster präsentieren sie der Klasse. 4. Sie lesen den zentralen Textausschnitt und diskutieren Sinn und Zweck von Mutproben. Dabei kann auf Erfahrungen der Schüler eingegangen werden.

Lösungen

Kopiervorlage 1.1 → S. 8

1. Individuelle Schülerlösungen
2. Der Klappentext informiert über den Roman, ohne den Inhalt vorwegzunehmen. Die Schüler erkennen, dass v.a. die Themen Freundschaft und der Geschlechtertausch im Zentrum stehen. Außerdem erfahren sie, dass Matt und Sam die Hauptcharaktere sind.
3. Individuelle Schülerlösungen, wobei die Themen Freundschaft und Geschlechterrollen aufgegriffen werden sollten.
4. Individuelle Schülerlösungen
5. Individuelle Schülerlösungen, wobei an dieser Stelle auch der umgekehrte Fall diskutiert werden könnte – ein Mädchen muss fünf Tage als Junge verkleidet in die Schule gehen.

Modul 2: Häusliche Lektürephase

Intention	Im Vordergrund steht die selbstständige Lektüre. Die Schüler erarbeiten sich eine Inhaltsübersicht und reflektieren ihre Leseeindrücke. Darüber hinaus setzen sich die Schüler kreativ mit ihren Leseerfahrungen auseinander.
Zeitbedarf	Ca. 14 Tage (KV 2.1)
Material	KV 2.1 (obligatorisch)
Didaktische Hinweise	Durch die lektürebegleitenden Aufträge entwickeln die Schüler ein umfassendes Textverständnis. Die Inhaltsübersicht (A1) steht während der Unterrichtseinheit zur Verfügung. Die Leseeindrücke (A2, A4) werden diskutiert, Lieblingsszenen (A3) in kleineren Gruppen präsentiert. Die Cover und Werbeplakate (A5) werden ausgewertet und ausgehängt und die Rätsel (A5) als Überprüfung des Textverständnisses genutzt.
Sozialformen	Einzelarbeit
Zielvorstellungen/ Kompetenzbeschreibungen KV 2.1	Die Schülerinnen und Schüler erwerben und verfügen über folgende Kompetenzen: Sie - entwickeln ein umfassendes Textverständnis. - nehmen Stellung zu den Inhalten des Romans. - erarbeiten sich eine Inhaltsübersicht. - setzen sich kreativ mit den Romaninhalten auseinander.
Durchführung/ Unterrichtsschritte KV 2.1	1. Die Schüler bearbeiten die KV während der Lektüre. Die Ergebnisse werden eingesammelt und korrigiert bzw. im Unterricht ausgewertet.

Lösungen

Kopiervorlage 2.1 → S. 9 f.

1.
- Kapitel 1: Sam stellt das Familienleben der Burtons auf den Kopf.
- Kapitel 2: Schlägerei in Bills Imbiss und Bekanntschaft mit den Zicken
- Kapitel 3: Sam wird ausgeschlossen.
- Kapitel 4: Die Mutprobe
- Kapitel 5: Sams erster Auftritt als Mädchen
- Kapitel 6: Sam macht Eindruck in der Schule.
- Kapitel 7: Das Erbe
- Kapitel 8: Sam – das Idol der Schule
- Kapitel 9: Matt und seine neue Freundin
- Kapitel 10: Crash Lopez ist Sam auf der Spur.
- Kapitel 11: Streit unter den Zicken
- Kapitel 12: Sam und Matt hecken einen Plan aus.
- Kapitel 13: Crash zu Besuch bei den Burtons
- Kapitel 14: Sam im Stimmbruch
- Kapitel 15: Sam und Zia kommen sich näher.
- Kapitel 16: Gewalt und Randale beim Fußball
- Kapitel 17: Sam vertraut sich Zia an.
- Kapitel 18: Kurz vor dem großen Auftritt
- Kapitel 19: Das große Finale bei der Talentshow

2.–5. Individuelle Schülerlösungen

Modul 3: Überprüfung der Textkenntnisse

Intention	In diesem Modul wird das Textverständnis der Schüler überprüft und die Schüler erhalten einen ersten Überblick zu den Figuren des Romans.
Zeitbedarf	1 Unterrichtsstunde (KV 3.1)
Material	KV 3.1 (fakultativ)
Didaktische Hinweise	Die KV kann durch die Rätsel der Schüler aus dem Modul 2 ergänzt werden.
Sozialformen	Einzelarbeit/Unterrichtsgespräch
Zielvorstellungen/ Kompetenzbeschreibungen KV 3.1	Die Schülerinnen und Schüler erwerben und verfügen über folgende Kompetenzen: Sie – äußern sich zu Figuren des Romans und reflektieren ihr Textverständnis.
Durchführung/ Unterrichtsschritte KV 3.1	1. Die Schüler markieren die Figuren des Romans im Buchstabengitter und äußern sich zu ihrer Lieblingsfigur. Darüber hinaus werden die Figuren kurz besprochen, die nicht als Lieblingsfiguren ausgewählt wurden. 2. Die Schüler überprüfen die vorgegebenen Aussagen und korrigieren die falschen in ihrem Heft. Die Aufgabe wird im Unterrichtsgespräch ausgewertet. 3. An dieser Stelle können die Rätsel der Schüler (Modul 2) gelöst werden.

Lösungen

Kopiervorlage 3.1 → S. 11

1.

			C	H	A	R	L	E	Y								
															M		
			E	L	E	N	A						G		A		
													A		T		
M	R	B	U	R	T	O	N						R		T		
													Y		H		
															E		Z
						S	A	M							W		I
										J	A	K	E				A
				F	O	R	R	E	S	T	E	R					
M																	
A					M	R	S	B	U	R	T	O	N				
R																	
K																	
	M	R	S	C	A	R	T	W	R	I	G	H	T				
		C	R	A	S	H											
										O	T	T	O	L	E	E	N

2. 1: Falsch – Sam verhält sich zu Beginn gegenüber seiner neuen Familie sehr unhöflich und zurückhaltend.
2: Richtig. 3: Richtig. 4: Falsch – Schon am ersten Schultag und v. a. während der Schulversammlung gelingt es Sam, Eindruck bei seinen Mitschülern zu hinterlassen.
A5: Richtig/falsch: Mark Kramer ist zwar der Mädchenschwarm der Schule, aber Sam verfällt ihm ganz und gar nicht, er spielt regelrecht mit ihm. A6: Richtig.

Modul 4: Sam und seine neue Familie kennenlernen

Intention	Die Schüler lernen die Hauptfigur Sam näher kennen und erarbeiten sein neues Lebensumfeld. Das Thema Familie bildet ebenfalls einen Schwerpunkt.
Zeitbedarf	1 Unterrichtsstunde (KV 4.1), 1 Unterrichtsstunde (KV 4.2), 1 Unterrichtsstunde und HA (KV 4.3), 1 Unterrichtsstunde (KV 4.4), 1 Unterrichtsstunde (KV 4.5)
Material	KV 4.1 (obligatorisch), KV 4.2 (obligatorisch), KV 4.3 (fakultativ), KV 4.4 (obligatorisch), KV 4.5 (fakultativ)
Didaktische Hinweise	Einen Schwerpunkt bilden die Charakterisierung von Sam sowie das Verfassen eines inneren Monologs (KV 4.1). Außerdem wird das Thema Familie über den Roman hinaus thematisiert (KV 4.2). Bei der Besprechung der Familienmodelle kann auf die Erfahrungen der Schüler sensibel eingegangen werden. Weiterhin setzen sich die Schüler kreativ mit dem Familienleben der Burtons auseinander (KV 4.3). Die Gestaltung in einer Szene einer Graphic Novel sollte als längerfristige Hausaufgabe einbezogen werden, die Ergebnisse werden präsentiert und evtl. im Klassenzimmer ausgehängt. Anschließend beschäftigen sich die Schüler mit Matthew, der zentralen Erzählerfigur (KV 4.4), und der Bedeutung der Erbschaft auf das Leben von Sam und den Burtons (KV 4.5).
Sozialformen	Unterrichtsgespräch/Einzelarbeit/Partnerarbeit/Gruppenarbeit
Zielvorstellungen/ Kompetenzbeschreibungen KV 4.1	Die Schülerinnen und Schüler erwerben und verfügen über folgende Kompetenzen: Sie - charakterisieren die Hauptfigur Sam. - verfassen einen inneren Monolog. - diskutieren und bewerten das Verhalten von Sam.
Durchführung/ Unterrichtsschritte KV 4.1	1. Die Schüler lesen noch einmal das erste Kapitel des Romans und notieren sich alle Informationen über Sam. Sie vergleichen und sortieren ihre Ergebnisse und erstellen mithilfe der Vorgabe auf der KV eine Mindmap. 2. Die Schüler diskutieren Ursachen für Sams Verhalten. 3. Sie nehmen Sams Perspektive ein und verfassen einen inneren Monolog. 4. Diese Aufgabe wird als Hausaufgabe erledigt, dient zur Zusammenfassung und soll die Motivation der Schüler fördern. 5. Das Verhalten von Sam wird aus der Sicht der anderen Familienmitglieder untersucht.
Zielvorstellungen/ Kompetenzbeschreibungen KV 4.2	Die Schülerinnen und Schüler erwerben und verfügen über folgende Kompetenzen: Sie - bilden sich eine Meinung zu unterschiedlichen Familienmodellen. - analysieren die Lebensumstände der unterschiedlichen im Roman auftretenden Familien. - beurteilen die Bedeutung von Familie für die handelnden Figuren des Romans.
Durchführung/ Unterrichtsschritte KV 4.2	1. Die Schüler beschreiben Familienmodelle mithilfe der Bilder und tauschen sich über Vorstellungen und Erfahrungen von Familienleben aus. 2. Sie erläutern das Familienleben der Burtons, nehmen Stellung zu Matthews Einschätzung seiner Familie und zwei weiteren Familien des Romans. 3. Sie beurteilen zusammenfassend, inwiefern das Familienleben der Figuren ihr Handeln beeinflusst. Zudem bewerten sie, welche Bedeutung die Familie für die Figur hat, und bringen noch einmal ihre Erfahrungen ein.
Zielvorstellungen/ Kompetenzbeschreibungen KV 4.3	Die Schülerinnen und Schüler erwerben und verfügen über folgende Kompetenzen: Sie - gestalten eine Graphic Novel zu einer Szene des Romans.
Durchführung/ Unterrichtsschritte KV 4.3	1. Die Schüler tauschen sich über ihre Erfahrungen mit Graphic Novels aus. 2. Als Hausaufgabe: Die Schüler sammeln Ideen für die Gestaltung. 3. Die Gestaltung der Graphic Novel kann im Unterricht oder zu Hause erledigt werden. Die Schüler sollten ihre Gestaltung auch begründen und die Bilder gegenseitig nach ausgewählten Kriterien auswerten.

Zielvorstellungen/ Kompetenzbeschreibungen KV 4.4	Die Schülerinnen und Schüler erwerben und verfügen über folgende Kompetenzen: Sie – charakterisieren eine Figur aus dem Roman. – entwickeln einen fiktiven Dialog und nehmen dabei die Rolle einer Person aus dem Roman ein.
Durchführung/ Unterrichtsschritte KV 4.4	1. Anhand der Eigenschaften charakterisieren die Schüler Matthew, ergänzen weitere Eigenschaften (Rückgriff auf KV 2.1) und wählen einen Jungen aus, der die Rolle des Matthew in einer Verfilmung spielen könnte. 2. Die Schüler entwickeln einen Dialog aus Sicht von Matthew und Sam und reflektieren das Geschehen der letzten Tage (Rückgriff auf KV 4.1). Diese Aufgabe kann aber auch zu einem späteren Zeitpunkt eingesetzt werden, da in dem Dialog die gesamte Handlung reflektiert werden soll.
Zielvorstellungen/ Kompetenzbeschreibungen KV 4.5	Die Schülerinnen und Schüler erwerben und verfügen über folgende Kompetenzen: Sie – formulieren Fragen an den Text. – vollziehen Handlungsperspektiven von Figuren nach. – schreiben eine Textstelle weiter.
Durchführung/ Unterrichtsschritte KV 4.5	1. Die Schüler erkennen, dass sich aus der Nachricht über das Erbe für die Burtons Probleme ergeben. 2. Mithilfe der Textstellen erarbeiten sie die Handlungsmotive der Figuren. 3. Sie schreiben eine Textstelle weiter bzw. ergänzen eine Leerstelle, indem sie Matthew den Plan Sam erklären lassen. 4. Abschließend diskutieren die Schüler, ob der Plan sinnvoll ist.

Lösungen

Kopiervorlage 4.1 → S. 12 f.

1. Sam: alter Stoffbeutel, zu großer Mantel und Baggy-Jeans, strähniges, schulterlanges Haar, klein und ungewaschen (S. 7); Tod der Mutter und ihre Beerdigung, eine lange Reise aus den USA, Trauer und Traumatisierung (S. 8); egal, was andere von ihm halten, anfängliche Verachtung gegenüber den Burtons (S. 11); empfindet alles ätzend, zieht sich zurück (S. 12); schweigend, launisch, Ausbrüche (S. 13); vor den Eltern betrübt, gegenüber Matthew provozierend und nervend (S. 16, 17); in Gegenwart der Bunkerbande zunächst großspurig, überheblich und besserwisserisch (S. 19)
2. Sam hat seine Mutter verloren; er musste sein gewohntes Lebensumfeld verlassen und wohnt nun bei für ihn fremden Leuten; er fühlt sich unsicher; muss seine Rolle in seiner neuen Familie finden; überspielt mit seinen Provokationen seine Unsicherheit; braucht Zeit, um sich einzugewöhnen.
3. Individuelle Schülerlösungen, Ergebnisse aus A1 und A2 sollten zum Ausdruck gebracht werden.
4. Individuelle Schülerlösungen
5. Die Burtons versuchen möglichst viel Verständnis für Sam aufzubringen und wollen ihn so gut wie möglich integrieren und ihm beim Verarbeiten der Trauer helfen. Matthew ist anfangs verständnisvoll, fühlt sich aber im Lauf der Zeit von Sam provoziert.

Kopiervorlage 4.2 → S. 14

1. Individuelle Schülerlösungen
2. Das Familienleben der Burtons scheint auf den ersten Blick etwas verdreht. Mutter Burton ist die Hauptverdienerin und Vater Burton arbeitet von zu Hause und erledigt den Großteil der Hausarbeit, die er als seine wahre Berufung sieht. Dennoch handelt es sich um eine „normale" Familie, lediglich mit etwas vertauschten Rollen.
3. Individuelle Schülerlösungen, wobei die Schüler erkennen sollten, dass die Rollen bei den Burtons entgegen der üblichen Geschlechterklischees vertauscht sind, sie aber ansonsten den Vorstellungen einer normalen Familie entsprechen.
4. Tyrone und seine Mutter: Tyrones Mutter ist eine große und temperamentvolle Frau, arbeitet als Innenausstatterin, alleinerziehend, empfindet ihren Sohn manchmal als persönliche Strafe, wünscht sich lieber eine Tochter, hält ihren Sohn manchmal für schwul, auch für zu dick, glaubt, er gerät auf die schiefe Bahn, wünscht sich besseren Umgang für ihn, möchte ihn verkuppeln und würde gern vor anderen Eltern mit ihrem Sohn angeben, ist begeistert, als Tyrone mit Sam endlich eine Freundin gefunden hat; Tyrone erträgt seine Mutter relativ ruhig, ist aber immer wieder von ihrer Art genervt.

   Jake und seine Familie: Jake lebt mit Mutter und Schwestern, die Eltern sind getrennt und über Jakes Vater wird zu Hause nur schlecht gesprochen, Jake vermisst seinen Vater, kann sich aber nur schwer durchsetzen, seine Mutter und die große Schwester vergleichen ihn immer wieder negativ mit seinem Vater, erst am Ende überwindet sich Jake, Kontakt mit seinem Vater aufzunehmen, die Familienverhältnisse sind für Jake sehr bedrückend.

5. Die Familienverhältnisse spielen eine wichtige Rolle im Verhalten der Figuren, Jake ist unglücklich, was sich z. T. in Aggressionen äußert. Auch Tyrone ist oftmals mit dem Verhalten seiner Mutter überfordert. Sam und Matthew hingegen finden bei den Burtons Halt und gemeinsam lösen sie alle Probleme. Am Ende entscheidet sich Sam gegen seinen Vater und für die Burtons.

Kopiervorlage 4.3 → S. 15

1.–2. Individuelle Schülerlösungen

3. Individuelle Schülerlösungen, mögliche Kriterien: Kreativität, Umsetzung, zeichnerische Qualität, Übereinstimmung mit Romanvorlage, Sauberkeit, Wirkung usw.

Kopiervorlage 4.4 → S. 16

1. Eigenschaften, die auf Matthew zutreffen: geduldig, einfühlsam, aktiv, entscheidungsfreudig, Ablehnung von Gewalt, selbstbewusst, weitere individuelle Schülerlösungen sind möglich.

2. Die Schüler wählen anhand der Lösungen aus A1 ein Bild aus, wobei wichtig ist, dass sie ihre Wahl begründen. Bis auf Bild 4 sind alle Jungen als Schauspieler für Matthew denkbar.

3.–4. Individuelle Schülerlösungen

Kopiervorlage 4.5 → S. 17

1. Mögliche Fragen: Warum erzählen die Burtons Sam nichts von seinem Erbe? Wovor haben sie Angst? Wie würde Sam reagieren? Wollen sie das Erbe für sich behalten? Ist Sams leiblicher Vater am Erbe interessiert? Wird er Sam nur wegen des Geldes suchen? …

2. Mrs und Mr Burton wollen Sam schützen, wollen ihn nicht überfordern, werden es ihm später, zum richtigen Zeitpunkt, mitteilen, sind selbst mit der Situation überfordert. Crash und Ottoleen täuschen Interesse an Sam vor, ihr wahres Motiv ist aber das Erbe und v. a. Ottoleen wünscht sich eine eigene Familie mit Crash ohne finanzielle Sorgen.
Matthew will Sam ebenfalls vor seinem Vater schützen. Sam hat keine Lust, zu seinem Vater zurückzukehren, und glaubt auch nicht, dass sein Vater an ihm interessiert ist.

3. Individuelle Schülerlösungen

4. Der Plan scheint auf den ersten Blick eine gute Idee zu sein, dennoch ist klar, dass sich Sam nicht für immer als Mädchen verstecken kann. Und es passiert das Unvermeidbare: Sam wird entdeckt.

Modul 5: Ganz besondere Freundschaften

Intention	In diesem Modul wird sich mit dem Thema Freundschaft auseinandergesetzt. Die Schüler lernen die unterschiedlichen Freundesgruppen aus dem Roman kennen und besprechen die Bedeutung von „wahrer" Freundschaft.
Zeitbedarf	2 Unterrichtsstunden (KV 5.1), 1 Unterrichtsstunde (KV 5.2), 1 Unterrichtsstunde (KV 5.3)
Material	KV 5.1 (obligatorisch), KV 5.2 (obligatorisch), KV 5.3 (obligatorisch)
Didaktische Hinweise	Die Schüler kommen mithilfe der Sprichwörter (KV 5.1) ins Gespräch über Freundschaft. Sie erarbeiten sich Informationen zur Bunkerbande und erstellen zu den Mitgliedern Steckbriefe (KV 5.1), die ausgehängt und ausgewertet werden. Zu den Zicken erarbeiten sich die Schüler Partnerinterviews (KV 5.2), nachdem sie gefundene Textstellen verglichen und Beispielfragen entwickelt haben. Anschließend beschäftigen sie sich mit der Beziehung von Sam und Zia (KV 5.3).
Sozialformen	Einzelarbeit/Partnerarbeit/Gruppenarbeit/Unterrichtsgespräch
Zielvorstellungen/ Kompetenzbeschreibungen KV 5.1	Die Schülerinnen und Schüler erwerben und verfügen über folgende Kompetenzen: Sie - tauschen sich über unterschiedliche Vorstellungen von Freundschaft aus. - erstellen Steckbriefe zu den Mitgliedern der Bunkerbande.
Durchführung/Unterrichtsschritte KV 5.1	1. Als Impuls lesen die Schüler Sprichwörter zum Thema Freundschaft. 2. In Gruppen erstellen sie Steckbriefe zu den Mitgliedern der Bunkerbande.

Zielvorstellungen/ Kompetenzbeschreibungen KV 5.2	Die Schülerinnen und Schüler erwerben und verfügen über folgende Kompetenzen: Sie - entwickeln ein Partnerinterview. - nehmen die Perspektive einer Romanfigur ein. - zeichnen eine Stimmungskurve. - diskutieren die Bedeutung von wahrer Freundschaft.
Durchführung/ Unterrichtsschritte KV 5.2	1. Die Schüler suchen Textstellen als Grundlage für das Interview. Ein Partner übernimmt die Rolle des Interviewers, der andere die Rolle der Interviewten. 2. Das Verhältnis der Mädchen verändert sich während der Romanhandlung. Die Schüler halten diese Veränderung in einer Stimmungskurve fest. 3. Die Schüler beschreiben ihre Lieblingsszene mit Sam und den Zicken. Sie analysieren, wie es Sam gelingt, sich in die Mädchengruppe zu integrieren. 4. Zusammenfassende Diskussion von KV 5.1 und KV 5.2.
Zielvorstellungen/ Kompetenzbeschreibungen KV 5.3	Die Schülerinnen und Schüler erwerben und verfügen über folgende Kompetenzen: Sie - ordnen eine Textstelle in die Gesamthandlung ein. - analysieren die Gestaltung einer Textstelle. - gestalten eine eigene Liedstrophe. - entwickeln Handlungsstränge über das Ende des Romans hinaus.
Durchführung/ Unterrichtsschritte KV 5.3	1. Die Schüler ordnen die Szene in den Gesamtkontext des Romans ein. 2. Im Anschluss erörtern sie mögliche Gründe für Elenas Verhalten. 3. Der Fokus liegt nun auf der Gestaltung der Textstelle. Die Schüler analysieren, wie es gelingt, die Textstelle anschaulich zu gestalten. 4. Die Schüler erkennen, dass das Verhältnis zwischen Zia und Sam immer vertraulicher wird. 5. Die Schüler interpretieren Zias Lied und verfassen eine eigene Strophe, die inhaltlich und formal passt. 6. Die Schüler beschreiben Zias Reaktion auf die Tatsache, dass Sam ein Junge ist. Sie entwickeln Ideen, wie sich das Verhältnis von Sam und Zia über die Romanhandlung hinaus entwickeln könnte.

Lösungen

Kopiervorlage 5.1 → S. 18

1. Individuelle Schülerlösungen

2. - Matthew Burton, wohnhaft in London, 13 Jahre alt, „Spitzohr", Mutter Mrs Burton (arbeitet in einer Arbeitsvermittlung), Vater Mr Burton (Hausmann, arbeitet zu Hause für eine Anwaltskanzlei), geduldig, empathisch, gefühlvoll, entscheidungsfreudig, aktiv, lehnt Gewalt ab, geht in die 8. Klasse der Bradbury-Hill-Schule, neue Lebenssituation durch die Ankunft von Sam, Bild/Foto (individuelle Schülerlösungen)
- Jake: wohnhaft in London, 13 Jahre alt, „Zinken", geht in die 8. Klasse der Bradbury-Hill-Schule, Eltern geschieden, lebt bei seiner Mutter mit seinen Schwestern, fühlt sich aber zu Hause nicht wohl, er vermisst seinen Vater, trifft ihn einmal die Woche, jedoch sind die Treffen nicht besonders schön, sein Ärger äußert sich immer wieder in Aggression, im Laufe des Romans lernt Jake, über seine Gefühle zu sprechen, und sucht einen engeren Kontakt zu seinem Vater, Bild/Foto (individuelle Schülerlösungen)
- Tyrone Sherman: wohnhaft in London, 13 Jahre alt, „Panzer", lebt allein mit seiner Mutter, er hat seinen Vater nie kennengelernt, hat ein Gewichtsproblem, ist eher unscheinbar, seine Mutter ist nie wirklich stolz auf ihn, glaubt, dass er auf die schiefe Bahn gerät, erst mithilfe von Sam entwickelt er etwas Selbstbewusstsein und auch seine Mutter ist das erste Mal stolz auf ihn, als Tyrone Sam als seine neue Freundin vorstellt, Bild/Foto (individuelle Schülerlösungen)

Kopiervorlage 5.2 → S. 19

1. - Elena Griffiths: hübsch, dünn, ein bisschen schräg, immer an Klatsch und Tratsch interessiert, steht gern im Mittelpunkt, eifersüchtig, verliebt in Mark Kramer (S. 22 f.)
- Zia Khan: stammt aus einer großen und erfolgreichen asiatischen Familie, empfindsam, eher ruhig, fleißig und sehr gut in der Schule, Begabung für Musik, charmant, aber auch raffiniert und wild (S. 22)
- Charley Johnson: groß, eher laut, sehr schlau und immer die Klassenbeste, steht zwischen Elena und Zia (S. 22)

2. Zu Beginn der Handlung sind die Zicken ein eingeschworenes Team, das sich seit der Grundschule kennt (S. 22). Dennoch erkennt man schon zu Beginn, dass eine gewisse Rivalität zwischen den Mädchen herrscht. Im Laufe der Romanhandlung wird Sam zu einem festen Mitglied der

Zicken (S. 85), doch es ist v. a. Elena, die um Sams Aufmerksamkeit buhlt. Schließlich eskaliert die Situation, als sich Sam und Zia über die Musik näher kommen und Elena etwas in den Hintergrund rückt. Elena und Zia streiten sich (142 ff.), das Verhältnis kühlt ab. Zia zieht sich zurück und beschäftigt sich v. a. mit ihrer Musik (S. 177 f.). Dennoch treten Sam, Zia und Elena gemeinsam bei der Talentshow auf, wobei es Elena v. a. um die Aufmerksamkeit geht, weniger um die Freundschaft innerhalb der Zicken (S. 227).

3. Individuelle Schülerlösungen (Bsp.: Sam legt sich mit Gary an, Sam geht aufs Jungenklo, Sam trägt eine Männeruhr usw.)
4. Individuelle Schülerlösungen (Die Bunkerbande repräsentiert die Merkmale wahrer Freundschaft eher als die Zicken.)

Kopiervorlage 5.3 → S. 20

1. Sam ist mittlerweile ein festes Mitglied der Zicken und v. a. Elena beansprucht Sam als ihre beste Freundin. Doch es ist Zia, die mit Sam über die Musik ein immer vertrauteres Verhältnis aufbaut. Das macht Elena eifersüchtig und wütend und es kommt zum Streit zwischen den beiden Mädchen.
2. Elena steht gern im Mittelpunkt und glaubt, Sam sei ihre beste Freundin. Sie ist eifersüchtig auf Zia, da Zia und Sam sich über das gemeinsame Interesse an der Musik näher kommen. Das macht Elena wütend und sie lässt ihrer Wut in einem Streit mit Zia freien Lauf. Das Verhalten Elenas gegenüber Zia ist nicht fair, da sie sich nicht wie eine wahre Freundin verhält. Aus Frustration beschimpft sie Zia und es geht ihr v. a. um ihren eigenen Vorteil.
3. Die Anschaulichkeit gelingt v. a. über die Aufzählung aller schlechten Eigenschaften von Zia, insgesamt zwölf negative Beschimpfungen. Mit dieser Übertreibung macht der Autor Elenas Abneigung und Eifersucht gegenüber Zia deutlich.
4. Nach dem Streit tröstet Sam Zia und macht deutlich, dass er ihr als Freund/Freundin zur Seite steht. Somit wird ihr Verhältnis noch vertrauter.
5. Das Lied „Meine Wolke" thematisiert einen Menschen, der zunächst eher einsam und zurückhaltend lebt, aber davon träumt, eines Tages seine Träume verwirklichen zu können. Dabei legt er alle Vorsicht ab und beginnt, sein Leben aktiv zu gestalten. Eigene Strophe: individuelle Schülerlösungen.
6. Zia reagiert nicht, wie zu erwarten war, wütend, im Gegenteil, sie ist glücklich, dass Sam ein Junge ist. Denn sie hat schon länger gespürt, dass sich zwischen ihr und Sam mehr als freundschaftliche Gefühle angebahnt haben und nun weiß sie, warum. Es ist vorstellbar, dass sich zwischen Sam und Zia über die Romanhandlug hinaus eine feste Freundschaft, wenn nicht sogar eine junge Liebe entwickelt.

Modul 6: Lebenswelt Schule

Intention	In diesem Modul wird die Lebenswelt Schule thematisiert. Die Schüler verknüpfen ihren eigenen Schulalltag mit den Romaninhalten. Im Fokus stehen v. a. Sams erster Auftritt in der Schule sowie das Ende des Romans, als es bei der Talentshow zum großen Showdown kommt.
Zeitbedarf	2 Unterrichtsstunden (KV 6.1), 2 Unterrichtsstunden (KV 6.2), 1 Unterrichtsstunde (KV 6.3), 1 Unterrichtsstunde (KV 6.4)
Material	KV 6.1 (obligatorisch), KV 6.2 (obligatorisch), KV 6.3 (fakultativ), KV 6.4 (obligatorisch)
Didaktische Hinweise	Zunächst stellen die Schüler ihre eigene Schule vor und reflektieren ihren Schulalltag (KV 6.1). Die Ergebnisse vergleichen sie mit der Bradbury-Hill-Schule. Die Lehrkraft kann bei den Themen der Schulplakate thematisch differenzieren, damit sich die Plakate nicht doppeln. Einen Schwerpunkt bildet Sams erster Auftritt in der Schulversammlung. Die Szenenbilder (KV 6.2) können ausgehängt werden. Da die Schulversammlung eine Schlüsselszene ist, stellen sie die Schüler in einem Rollenspiel dar. Als weitere Schlüsselszene analysieren sie den Schluss des Romans und formulieren einen Zeitungsartikel über die Talentshow.
Sozialformen	Einzelarbeit/Partnerarbeit/Gruppenarbeit/Unterrichtsgespräch
Zielvorstellungen/ Kompetenzbeschreibungen KV 6.1	Die Schülerinnen und Schüler erwerben und verfügen über folgende Kompetenzen: Sie - erarbeiten sich ein Plakat über ihre Schule und präsentieren es. - vergleichen ihre Schule mit der Bradbury-Hill-Schule aus dem Roman. - charakterisieren die Lehrer aus dem Roman.

Durchführung/ Unterrichtsschritte KV 6.1	1. Die Schüler recherchieren Informationen, die sie zur Gestaltung des Plakats benötigen und bereiten ein Plakat vor, mit dem sie ihre Schule vorstellen. 2. Die Plakate werden präsentiert und ausgewertet (evtl. Kriterien vorgeben). 3. Die Schüler vergleichen ihre Schule mit der Bradbury-Hill-Schule. Vor dem Vergleich werden sinnvolle Vergleichspunkte erarbeitet. 4. Eine Schule ist auch gekennzeichnet durch die unterrichtenden Lehrer. Zunächst erarbeiten sich die Schüler allgemein unterschiedliche Lehrertypen. Die Schüler bringen hier ihre Erfahrungen ein, allerdings sollte die Lehrkraft sensibel mit den Informationen der Schüler umgehen. 5. Am Ende übertragen die Schüler die allgemeinen Informationen auf die Lehrkräfte der Bradbury-Hill-Schule und charakterisieren sie.
Zielvorstellungen/ Kompetenzbeschreibungen KV 6.2	Die Schülerinnen und Schüler erwerben und verfügen über folgende Kompetenzen: Sie - erschließen sich die Verhaltensmotive der Personen aus dem Roman. - erstellen ein Szenenbild zu einer Textstelle aus dem Roman. - führen ein literarisches Rollenspiel durch.
Durchführung/ Unterrichtsschritte KV 6.2	1. Die Schüler lesen noch einmal die Szene der Schulversammlung und beschreiben, wie die Mitschüler auf Sam reagieren. 2. Ihre Vorstellungen setzen sie in einem Szenenbild um. 3. Die Bilder werden mit einem Partner diskutiert und ausgewertet. 4. Vertiefend analysieren die Schüler, welchen Eindruck Sam über die Schulversammlung hinaus macht. Sie untersuchen seine erste Unterrichtsstunde und besprechen seine Handlungsmotive. 5. Sie nehmen Sams Perspektive ein und reflektieren seinen ersten Schultag. 6. In Gruppen erarbeiten die Schüler arbeitsteilig Rollenkarten, um ein Rollenspiel vorzubereiten, das anschließend ausgewertet wird.
Zielvorstellungen/ Kompetenzbeschreibungen KV 6.3	Die Schülerinnen und Schüler erwerben und verfügen über folgende Kompetenzen: Sie - suchen Informationen aus einer Textstelle heraus und werten diese aus. - schreiben eine Textstelle um.
Durchführung/ Unterrichtsschritte KV 6.3	1. Die Schüler erarbeiten Elenas Faszination für Mark. 2. Der Begriff „Mädchenschwarm“ wird diskutiert, ebenso, ob es sich bei Mark Kramer tatsächlich um einen Mädchenschwarm handelt. 3. Die Schüler suchen Stellen, in denen deutlich wird, warum Mark Kramer von Sam fasziniert ist. Sie überlegen, warum Mark keine Chance bei Sam hat. 4. Der Textausschnitt kann laut und ausdrucksstark vorgelesen werden. 5. Die Schüler schreiben die Textstelle um und versuchen, den Sprachstil von Blacker einzuhalten. Die Texte werden verglichen.
Zielvorstellungen/ Kompetenzbeschreibungen KV 6.4	Die Schülerinnen und Schüler erwerben und verfügen über folgende Kompetenzen: Sie - formulieren einen Zeitungsartikel zu einer Schlüsselszene des Romans.
Durchführung/ Unterrichtsschritte KV 6.4	1. Die Schüler beantworten die W-Fragen, auf die sie dann beim Verfassen des Zeitungsberichtes zurückgreifen können. 2. Sie verfassen den Zeitungsbericht, den sie anschließend vorlesen. Der interessanteste Artikel wird innerhalb der Klasse gekürt.

Lösungen

Kopiervorlage 6.1 → S. 21

1.–3. Individuelle Schülerlösungen

4. Bradbury-Hill-Schule: große und erfolgreiche Schule, bei Eltern begehrt, hohes Ansehen in der Öffentlichkeit, zu Beginn jedes Schuljahres findet eine Schulversammlung statt und in der ersten Schulwoche eine Talentshow mit einem großen Publikum.

5. - Der Schwache: unsicher, kann sich nicht durchsetzen, wird nicht ernst genommen
- Der Strenge: einschüchternd, duldet keinen Widerspruch, nutzt seine Macht aus
- Der Kumpel: relativ jung, möchte schülernah sein, wirkt sympathisch, wird aber nicht immer ganz ernst genommen
- Der Engagierte: liebt seinen Job, auch bei außerschulischen Projekten aktiv, immer einsatzbereit für die Schule
- Der Frustrierte: hat keinen Spaß mehr an der Arbeit, hängende Schultern, wartet auf seine Pensionierung

6. - Mrs Cartwright: immer um das Wohl der Schule bemüht, dabei bestimmend und auch respektiert (S. 20, 64), hat gern alles im Griff und lässt Gefühle nur im Verborgenen zu (S. 221), gerät aber bei Sam zum Teil an ihre Grenzen. Zuordnung: engagierte, aber auch strenge Lehrerin
- Steve Forrester: zum Teil Vorurteile gegenüber Jungen (S. 40), hat ebenfalls gern alles unter Kontrolle (S. 71), aber auch engagiert und empathisch (S. 256). Zuordnung: kann ebenfalls als engagierter Lehrer betrachtet werden

Kopiervorlage 6.2 → S. 22 f.

1. - Matthew: erstaunt, wie selbstsicher Sam auftritt
- Elena: empfindet Sams Auftreten sehr cool und ist vom ersten Moment an fasziniert
- Zia: bemerkt sofort Sam und ist amüsiert über seinen Aufritt, v. a., weil er die Schulleiterin verunsichert
- Charley: ihr fällt auf, dass Sam auffällig Kaugummi kaut, obwohl dies verboten ist, zeugt für sie von Charakterstärke
- Gary: nimmt zunächst keine Notiz von Sam, doch dann hält er sie für eine Angeberin, der man ihre Grenzen aufzeigen sollte
- Mark: bemerkt, dass alle auf Sam achten und empfindet sie als heiße Nummer
- Mrs Cartwright: ist nicht begeistert über die Verwechslung, erwartet mehr Respekt von Sam

2.–3. Individuelle Schülerlösungen

4. Sam nimmt von Beginn an kein Blatt vor den Mund und erzählt vom Tod seiner Mutter und der daraus entstandenen Lebenssituation. Das Erzählte wirkt offen und er geht mit seinem Schicksal „cool" um. Er geht also voll in seiner Rolle auf. Es ist zu vermuten, dass er mit dieser „coolen" Art seine wahren Gefühle überspielt und er sich so vor der Trauer schützt.

5. Individuelle Schülerlösungen

6. Rollenkarten: Ergebnisse aus A1 in Rollenkarten umformulieren; Rollenspiel: individuelle Schülerlösungen

Kopiervorlage 6.3 → S. 24

1. Elenas Faszination an Mark: lange, weiche Haare, besonderes Lächeln, sanftes Auftreten, schläfrige Art beim Reden, King der Oberstufe und alle Mädchen wollen mit ihm gehen

2. Individuelle Schülerlösungen

3. Sam ist nicht wie die üblichen Mädchen. Er hat einen eigenen starken Charakter und lässt sich nichts gefallen. Im Laufe der Zeit hat er es geschafft, zum Idol der Schule zu werden. Außerdem lässt er sich auch nicht so leicht einnehmen, nicht einmal von Mark, und dies weckt dessen Jagdfieber (S. 62, 14, 15, 136, 192, 210).

4.–5. Individuelle Schülerlösungen

Kopiervorlage 6.4 → S. 25

1. - Was: Sam wird als Junge erkannt.
- Wer: Schüler und Lehrer sowie die Eltern der Schüler und Crash und Ottoleen Lopez. Im Fokus steht Sam und sein leiblicher Vater Crash.
- Wann: während der Aufführungen der Talentshow, als Sam mit der Mädchenband auftritt
- Wo: in der Aula der Bradbury-Hill-Schule
- Wie: Sam gibt sich nach seinem Auftritt als Junge zu erkennen. Vater Crash Lopez erkennt ihn als seinen Sohn und stürzt auf die Bühne.
- Warum: Sam kann sich nicht länger als Mädchen ausgeben (Stimmbruch usw.) und möchte sich auch nicht mehr verstecken, sein leiblicher Vater hat ihn endlich gefunden und hofft nun auf das ersehnte Erbe.

2. Individuelle Schülerlösungen

Modul 7: Typische Geschlechterrollen

Intention	Der Roman wird von Sams Geschlechtertausch dominiert, daraus resultierend sind Geschlechterrollen ein zentrales Thema. In diesem Modul setzen sich die Schüler allgemein mit unterschiedlichen Vorstellungen und Klischees über Geschlechter auseinander, bevor sie dieses Wissen auf den Roman übertragen.
Zeitbedarf	2 Unterrichtsstunden (KV 7.1), 1 Unterrichtsstunde (KV 7.2)
Material	KV 7.1 (fakultativ), KV 7.2 (obligtorisch)

Didaktische Hinweise	Die Schüler kommen über ihre Vorstellungen von Geschlechterrollen ins Gespräch. Die Lieder (KV 7.1) motivieren sie für das Thema (Internetzugang für diese Einheit sinnvoll). Daneben üben sie den Umgang mit Sachtexten und erwerben weitere Informationen zum Thema. In KV 7.2 werden die Figuren des Romans hinsichtlich ihres geschlechtsspezifischen Verhaltens untersucht.
Sozialformen	Einzelarbeit/Partnerarbeit/Unterrichtsgespräch
Zielvorstellungen/ Kompetenzbeschreibungen KV 7.1	Die Schülerinnen und Schüler erwerben und verfügen über folgende Kompetenzen: Sie - besprechen ihre Vorstellungen von Geschlechterrollen. - analysieren zwei Liedtexte. - fassen die Informationen aus einem Sachtext zusammen.
Durchführung/ Unterrichtsschritte KV 7.1	1. Die Schüler tauschen sich mithilfe der Blitzlicht-Methode über typische Eigenschaften von Jungen und Mädchen aus (Bild als Impuls). 2. Die Lieder werden vorgespielt (empfohlen wird „youTube", günstig: Texte einblenden zum Mitlesen). Die Liedtexte werden diskutiert (Bezug zu A1). 3. Je nach Methodenwissen der Schüler bearbeiten sie den Sachtext selbstständig. Die Ergebnisse werden im Unterrichtsgespräch verglichen. 4. Zusammenfassung: Die Schüler beurteilen, ob Mädchen und Jungen typische Eigenschaften haben oder es sich eher um Vorurteile handelt. 5. Sie übertragen die Erkenntnisse über Geschlechterrollen auf die Figuren des Romans.
Zielvorstellungen/ Kompetenzbeschreibungen KV 7.2	Die Schülerinnen und Schüler erwerben und verfügen über folgende Kompetenzen: Sie - untersuchen die Figuren des Romans hinsichtlich ihrer Geschlechterrollen. - verfassen einen Tagebucheintrag.
Durchführung/ Unterrichtsschritte KV 7.2	1. Die Schüler untersuchen die Figuren hinsichtlich ihrer Geschlechterrollen und ordnen diese in die Tabelle ein (wichtig: sinnvolle Begründung). 2. Sie reflektieren Sams Entwicklung zum gefeiertsten Mädchen der Schule. 3. Die Schüler erörtern, warum Sam, obwohl er oftmals nicht wie ein typisches Mädchen handelt, zum Idol in der Schule wird. 4. Die Schüler interpretieren nun sein Verhalten und diskutieren, ob er seine Rolle nur spielt oder sich sogar mit dieser identifiziert hat. 5. Zum Abschluss ein Schreibauftrag: Die Schüler verfassen aus Sams Sicht einen Tagebucheintrag und setzen sich so noch einmal intensiv mit dem Geschlechtertausch auseinander.

Lösungen

Kopiervorlage 7.1 → S. 26 f.

1. Individuelle Schülerlösungen

2. - „Männer" von Herbert Grönemeyer: differenzierte Beschreibung: Zwar scheinen Männer stark und geben Geborgenheit, aber sie sind auch verletzlich und gefühlvoll. Jedoch werden sie schon von Kind an daran gewöhnt, keine Gefühle zu zeigen, weil das als unmännlich gilt. Aber der Liedtext macht deutlich, dass Männer eben nicht so sind, wie man es klischeehaft von ihnen erwartet.
- „Weil ich ein Mädchen bin" von Tic Tac Toe: Es wird von der Anziehungskraft von Mädchen gesprochen, die sich oft aufgrund ihres Aussehens Vorteile verschaffen. Aber es wird auch betont, dass Mädchen einen eigenen Willen haben, der von Männern respektiert werden muss. Demzufolge symbolisiert das Lied eine Generation mit selbstbewussten und freien Mädchen und Frauen.

3. Zusammenfassung Sachtext: Es ist schon von Geburt an klar, welche typischen Eigenschaften Mädchen und Jungen zu erfüllen haben. Doch es stellt sich die Frage, ob diese Eigenschaften nicht einfach nur Folge einer langen geschlechtsspezifischen Sozialisation sind. Die gesellschaftlich genormten Geschlechterrollen werden den Kindern häufig von ihren Eltern anerzogen und wer dagegen verstößt, wird ausgelacht oder sogar ausgegrenzt. Ebenso ist es in der Schule: Jungen sind angeblich besser in Mathematik als Mädchen und dieses Vorurteil wird dann durch die Lehrer oft verstärkt.

4. Die meisten geschlechtsspezifischen Eigenschaften sind nur anerzogen und werden von der Gesellschaft erwartet. Man kann also nicht von typischen Eigenschaften eines Geschlechts sprechen.

5. Die Tatsache wird im Roman v. a. in der Gestalt von Sam deutlich. Er steigt zum Idol in der Schule auf und wird zum

Vorbild der anderen Mädchen. Somit ist es auch cool, dass Sam Männeruhren trägt, Football spielt und sich prügelt - eigentlich typisch männliche Eigenschaften. Ein anderes Beispiel ist Mr Burton. Er übernimmt zu Hause die Aufgaben im Haushalt und seine Frau ist die Hauptverdienerin. Eigentlich sollte dies heute kein Problem mehr sein, dennoch herrscht noch in den meisten Familien das traditionelle Rollenverständnis.

Kopiervorlage 7.2 → S. 28

1. Weibliche Figuren mit typischen Eigenschaften: Elena, Ottoleen, Zia, Mrs Sherman; weibliche Figuren mit untypischen Eigenschaften: Mrs Burton, Mrs Cartwright; männliche Figuren mit typischen Eigenschaften: Crash, Mark, Gary, Jake; männliche Figuren mit untypischen Eigenschaften: Mr Burton
2. Sam nimmt die Mutprobe an. → Sams cooler Auftritt bei der Schulversammlung. → Sam legt sich mit Gary an und zeigt ihm seine Grenzen auf. → Sam beeindruckt die Zicken. → Sam trägt eine Männeruhr. → Sam geht auf das Jungenklo. → Sam führt typische Mädchengespräche und bekommt einen BH. → Sam wird zum Idol der Schule und Mädchen beginnen Football zu spielen. → Sam wird von Mark bewundert und lässt ihn immer wieder abblitzen. → Sam beginnt Tagebuch zu schreiben. → Sam lässt sich auf ein Date mit Mark zum Fußball ein und es kommt zu einer Massenschlägerei. → Sam wird zum „Mädchenschwarm". → Sam entwickelt sich zum Mann (Stimmbruch usw.). → Sam offenbart sch bei der Talentshow als Junge.
3. Sam tritt selbstbewusst auf und lässt sich weder von Lehrern noch von Gary einschüchtern. Das macht Eindruck und so gelingt es Sam, zum Idol der Schule aufzusteigen.
4. Zunächst ist es für Sam nur eine Rolle. Doch im Laufe der Zeit blüht er in seiner Rolle als Mädchen immer mehr auf. Natürlich bleibt Sam immer ein Junge, dennoch empfindet er einige Dinge, die sonst nur Mädchen tun, ganz angenehm und somit kann man schon sagen, dass sich Sam durchaus mit der Rolle als Mädchen identifiziert hat.
5. Individuelle Schülerlösungen

Modul 8: Gewalt und Aggression

Intention	Im Roman ist das Thema Jugendgewalt immer wieder präsent. Die Schüler setzen sich mit möglichen Ursachen der auftretenden Gewalt zwischen den Jugendlichen auseinander und reflektieren ihre eigenen Erfahrungen.
Zeitbedarf	1 Unterrichtsstunde (KV 8.1), 1 Unterrichtsstunde (KV 8.2), 1 Unterrichtsstunde (KV 8.3)
Material	KV 8.1 (fakultativ), KV 8.2 (obligatorisch), KV 8.3 (obligatorisch)
Didaktische Hinweise	Die Schüler berichten von eigenen Erfahrungen und nehmen Stellung zum Thema Jugendgewalt, wobei die soziale Situation der Klasse zu beachten ist. Sie recherchieren selbstständig zu unterschiedlichen Schwerpunkten und wählen eine Präsentationsform, die ihren Stärken entspricht. Die Ergebnisse werden ausgewertet (KV 8.1). Dann erarbeiten sie verschiedene Textstellen. Beim Bau des Standbildes zu den Fußballrandalen (KV 8.2) entscheidet die Lehrkraft, ob das Bild mit der Klasse oder in Kleingruppen erarbeitet wird. Im Anschluss beschäftigen sie sich mit Crash und Ottoleen und ihrem Verhältnis zu Sam und zur Familie (KV 8.3).
Sozialformen	Einzelarbeit/Partnerarbeit/Gruppenarbeit/Unterrichtsgespräch
Zielvorstellungen/ Kompetenzbeschreibungen KV 8.1	Die Schülerinnen und Schüler erwerben und verfügen über folgende Kompetenzen: Sie - recherchieren selbstständig zum Thema Jugendgewalt. - präsentieren ihre Arbeitsergebnisse.
Durchführung/ Unterrichtsschritte KV 8.1	1. Die Schüler äußern ihre Einstellungen und Erfahrungen zum Thema Gewalt. Ihre Antworten begründen sie in einem kurzen Statement. Sie werten ihren Fragebogen aus und diskutieren ausgewählte Fragen. 2. In Kleingruppen (max. vier Schüler) arbeiten die Schüler selbstständig in der gewählten Präsentationsform.

Zielvorstellungen/ Kompetenzbeschreibungen KV 8.2	Die Schülerinnen und Schüler erwerben und verfügen über folgende Kompetenzen: Sie - lesen eine Textstelle szenisch vor und bauen ein Standbild. - schreiben eine Textstelle um und entwickeln Deutungshypothesen.
Durchführung/ Unterrichtsschritte KV 8.2	1. Die Schüler suchen die Textstellen heraus, in denen Sam mit Gewalt und Aggression in Berührung kommt. Dazu nutzen sie ihre Inhaltsübersicht. Sie entscheiden, ob Sam in den einzelnen Situationen Täter oder Opfer ist. 2. Die Schüler betrachten eine Gewaltsituation näher. Sie lesen die Szene ausdrucksstark vor, nachdem sie den Text untersucht und die Stellen markiert haben, in denen die Figuren direkt zu Wort kommen. 3. Um den Schülern die Szene im Fußballstadion näher zu bringen, bauen sie ein Standbild. Ein Schüler fungiert als Regisseur. Von dem Standbild wird ein Foto gemacht, das ausgewertet wird. 4. Die Schüler schreiben aus der Sicht von Mark Kramer eine Textstelle um. 5. Einige Schüler tragen ihren Text vor, die Mitschüler geben ein Feedback. 6. Die Schüler formulieren Deutungshypothesen für Sams teilweise aggressives Verhalten. Dazu nehmen sie seine Perspektive ein.
Zielvorstellungen/ Kompetenzbeschreibungen KV 8.3	Die Schülerinnen und Schüler erwerben und verfügen über folgende Kompetenzen: Sie - verfassen eine Nacherzählung zu einem Handlungsstrang des Romans. - antizipieren die weitere Handlung.
Durchführung/ Unterrichtsschritte KV 8.3	1. Im Zentrum steht die Handlung um Crash und Ottoleen. Die Schüler lesen alle wichtigen Textstellen und machen Notizen. 2. Die Schüler verfassen eine Nacherzählung; Hinweise dazu in der Infobox. 3. Sie diskutieren die Motive von Crash und überlegen, wie sich das Verhältnis von Sam und Crash über die Romanhandlung hinaus entwickeln könnte.

Lösungen

Kopiervorlage 8.1 → S. 29

1.–2. Individuelle Schülerlösungen

Kopiervorlage 8.2 → S. 30

1. S. 26: Sam erzählt von seinem früheren Leben; S. 27–31: Prügelei in Bills Imbiss mit Jake; S. 79 f.: Sam legt sich mit Gary an; S. 210 ff.: Randale und Ausschreitungen beim Fußballspiel

2.–5. Individuelle Schülerlösungen

6. Sam ist in einem Umfeld aufgewachsen, in dem Gewalt präsent war. Somit war er schon seit früher Kindheit mit Aggression konfrontiert. Daneben ist es für ihn eine Möglichkeit, seinen Frust zu bewältigen, da er bisher nicht erfahren hat, wie man Konflikte anders löst.

Kopiervorlage 8.3 → S. 31

1.
- S. 91: Crash beginnt sich für Sam zu „interessieren".
- S. 112: Anwalt warnt die Burtons vor Crash.
- S. 124: Crash und Ottoleen fliegen nach London.
- S. 138: Crash sucht in London nach Sam.
- S. 162: Crash ist entschlossen, Sam zu finden.
- S. 170 ff.: Crash und Ottoleen zu Besuch bei den Burtons
- S. 183: Crash findet Sams Schule heraus.
- S. 251: Crash und Ottoleen auf dem Weg zur Talentshow
- S. 265 f.: Crash erkennt Sam.
- S. 269: Konfliktlösung im Büro der Schulleiterin

2. Individuelle Schülerlösungen

3. So ganz kann der Aussage nicht zugestimmt werden, da Crash sehr an dem Erbe interessiert ist. Vor allem Ottoleen hat wenig Interesse an Sam, sie möchte eine eigene Familie mit Crash. Textbelege, siehe A1.

4. Individuelle Schülerlösungen

Modul 9: Formale Gestaltung und Umsetzung

Intention	Die Schüler untersuchen die sprachliche Gestaltung. Sie analysieren den Sprach- und Erzählstil. Sie gestalten ein eigenes Hörspiel zu einer Szene.
Zeitbedarf	1 Unterrichtsstunde (KV 9.1), 1 Unterrichtsstunde (KV 9.2), 2 Unterrichtsstunden und längerfristige Hausaufgabe (KV 9.3)
Material	KV 9.1 (obligatorisch), KV 9.2 (fakultativ), KV 9.3 (fakultativ)
Didaktische Hinweise	Die Schüler werden angeleitet, ein Hörspiel zu produzieren (KV 9.3).
Sozialformen	Einzelarbeit/Partnerarbeit/Gruppenarbeit/Unterrichtsgespräch
Zielvorstellungen/ Kompetenzbeschreibungen KV 9.1	Die Schülerinnen und Schüler erwerben und verfügen über folgende Kompetenzen: Sie - untersuchen den Erzählstil des Romans. - verfassen eine Textstelle aus der Sicht der Hauptfigur Sam.
Durchführung/ Unterrichtsschritte KV 9.1	1. Die Schüler analysieren den Sprach- und Erzählstil. 2. Bis auf Sam kommen alle Figuren im Roman zu Wort. Die Schüler diskutieren, warum Blacker gerade ihn nicht zu Wort kommen lässt. 3. Die Schüler haben die Möglichkeit, Sam selbst zu Wort kommen zu lassen. 4. Die Texte von Sam werden vorgetragen und ausgewertet.
Zielvorstellungen/ Kompetenzbeschreibungen KV 9.2	Die Schülerinnen und Schüler erwerben und verfügen über folgende Kompetenzen: Sie - analysieren die Symbolik des Romans. - untersuchen den Sprachstil der einzelnen Figuren.
Durchführung/ Unterrichtsschritte KV 9.2	1. Die Schüler untersuchen Namen und Textstellen hinsichtlich der Bedeutung und erläutern weitere Symbole, die ihnen aufgefallen sind. 2. Sie lesen ausgewählte Textstellen, erklären deren Komik und wählen die für sie witzigste Romanstelle. 3. Sie untersuchen den Sprachstil von ausgewählten Figuren.
Zielvorstellungen/ Kompetenzbeschreibungen KV 9.3	Die Schülerinnen und Schüler erwerben und verfügen über folgende Kompetenzen: Sie - entwickeln ein eigenes Konzept für ein Hörspiel. - setzen dieses Konzept um und produzieren ein eigenes Hörspiel.
Durchführung/ Unterrichtsschritte KV 9.3	1. Die Schüler entwickeln ein Konzept für das Hörspiel (enge Begleitung durch die Lehrkraft). Die Produktion kann im Unterricht oder zu Hause erledigt werden. Der Arbeitsprozess wird am Ende reflektiert. 2. Die Hörspiele können einem größeren Publikum zugänglich gemacht werden (z. B. Schulhomepage, andere Internetplattformen). Evtl. ergeben sich hierdurch Feedbacks, die ausgewertet werden können.

Lösungen

Kopiervorlage 9.1 → S. 32

1.–2. - Erzähltechnik: Die Handlung wird durchgängig aus der Sicht der handelnden Figuren erzählt. Dabei kommen sie in relativ kurzen Abschnitten zu Wort und berichten von ihren Erlebnissen. Die Beteiligten erzählen im Präteritum, so als wären sie zu den Vorkommnissen befragt worden. Der Roman wird dadurch so abwechslungsreich, da die Erzählabschnitte kurz gehalten werden, und durch den ständigen Figurenwechsel entsteht beim Lesen Spannung.
- Der Autor lässt Sam nicht zu Wort kommen und hat so eine spannende Leerstelle gelassen, die nun der Leser selbst füllen muss.

3.–4. Individuelle Schülerlösungen

Kopiervorlage 9.2 → S. 33

1. - Die Bunkerbande: eine Gruppe von Jungen, die sich in einen Bunker zurückzieht und sich somit auch von der realen Welt distanziert
   - Sams Sternzeichen (Skorpion): Der Skorpion ist ein gefährliches, aggressives Tier. Zum Teil lassen sich diese Eigenschaften auch auf Sam übertragen.
   - Crash: Spontan assoziiert man mit dem Namen „Zusammenstoß, Unfall" oder Ähnliches. Der Name klingt nach Stress und Problemen und genau das verursacht Crash Lopez bei der Suche nach seinem Sohn und dem Erbe.
   - Mrs Cartwright: Aus dem Englischen übersetzt heißt Cartwright „Stellmacher (Rad- und Wagenbauer)". Der Name lässt sich vielleicht so deuten, dass die Schulleiterin die Geschicke der Schule leitet und immer darauf bedacht ist, dass möglichst alles rund läuft.
   - Die Zicken: Entgegen der Bunkerbande sind die Zicken laut und ziehen sich nicht zurück, sie verkörpern mit dem Namen eine „typische" weibliche Eigenschaft.
   - Song der Doors zu Beginn: Die Liedtexte finden sich auch an anderen Textstellen immer wieder und ziehen sich somit motivartig durch den Roman. Die Menschen sind manchmal eigenartig und man muss das Leben nehmen wie es kommt.
2. Individuelle Schülerlösungen
3. - Situation 1: Das kleine Mädchen Sam lehrt den großen Gary das Fürchten und blamiert ihn.
   - Situation 2: Sam ist ein Junge und kennt sich mit den Problemen der Menstruation nicht aus. Die Situation macht ihn verlegen.
   - Situation 3: Crash Lopez bekommt nur einen Kleinwagen, der für ihn seiner Meinung nach nicht angemessen ist, und er hat auch so seine Probleme damit.
4. Individuelle Schülerlösung
5. - Matthew: erzählt am ausführlichsten, spricht erwachsen, zum Teil analytisch, dennoch gefühlsbezogen
   - Elena: spricht jugendlich, ist in ihrer Sprache sehr direkt, ichbezogen und zum Teil arrogant
   - Mrs Cartwright: hat als Schulleiterin eine repräsentative Aufgabe, spricht bürokratisch und z.T. etwas abgehoben und ichbezogen
   - Ottoleen: spricht eher naiv und nicht sehr gebildet, schwärmerisch für Crash
   - Mr Burton: erzählt verständnisvoll, locker und eher jugendlich
   - Jake: ihm fällt es zunächst schwer, über Gefühle zu sprechen, zu Beginn auch aggressiv und provozierend, aber im Verlauf des Romans lernt er, über seine Wünsche und Vorstellungen offen zu sprechen

Kopiervorlage 9.3 → S. 34 f.

1.–3. Individuelle Schülerlösungen

Modul 10: Rezeption und Wirkung

Intention	Im letzten Modul steht die Rezeption und Wirkung des Romans im Zentrum. Die Schüler setzen sich abschließend bewertend mit dem Text auseinander. Sie arbeiten mit Rezensionen und verarbeiten den Romanschluss in einem eigenen Theaterstück.
Zeitbedarf	1 Unterrichtsstunde (KV 10.1), mind. 2 Unterrichtsstunden (KV 10.2), 1 Unterrichtsstunde (KV 10.3)
Material	KV 10.1 (obligatorisch), KV 10.2 (fakultativ), KV 10.3 (obligatorisch)
Didaktische Hinweise	KV 10.1 beschäftigt sich mit der Inszenierung des Romans durch ein Jugendtheater. Die Aufführung lässt sich in Ausschnitten im Internet betrachten, die die Schüler ansehen sollten, damit sie die KV in vollem Umfang bearbeiten können. Die Schüler sollen ein eigenes kurzes Theaterstück aufführen (KV 10.2). Da sie einzelne Szenen des Romans schon szenisch gestaltet haben, sollen sie an dieser Stelle den Roman fortsetzen, wofür ausreichend Zeit eingeplant werden muss. Den Abschluss bildet eine eigene Rezension (KV 10.3). Die Schüler lernen dabei, wie man eine Buchrezension verfasst.
Sozialformen	Einzelarbeit/Partnerarbeit/Gruppenarbeit/Unterrichtsgespräch
Zielvorstellungen/ Kompetenzbeschreibungen KV 10.1	Die Schülerinnen und Schüler erwerben und verfügen über folgende Kompetenzen: Sie - analysieren eine Theaterinszenierung. - vergleichen diese mit der Romanvorlage.

Durchführung/ Unterrichtsschritte KV 10.1	1. Die Schüler betrachten Ausschnitte der Theateraufführung von „boy2girl" und formulieren ihre ersten Eindrücke. 2. Anhand von drei Bildausschnitten besprechen sie das Bühnenbild, die Kostüme und die Besetzung der Rollen. 3. Nach der Analyse folgt der Vergleich mit der Romanvorlage. 4. Die Schüler lernen die Textform Theaterrezension kennen. 5. Sie bewerten die Theaterinszenierung und besprechen alternative Ideen.
Zielvorstellungen/ Kompetenz-beschreibungen KV 10.2	Die Schülerinnen und Schüler erwerben und verfügen über folgende Kompetenzen: Sie - planen und entwickeln ein eigenes Theaterstück zum Romanschluss. - setzen das Theaterstück selbstständig um. - reflektieren die selbst gestalteten Theaterinszenierungen.
Durchführung/ Unterrichtsschritte KV 10.2	1. Die Schüler lesen das Romanende und besprechen die Wirkung. 2. Der Roman wird als Theaterstück fortgesetzt. Dafür sind fünf Szenen vorgegeben, die die Schüler in Gruppen weiterentwickeln. 3. Die Schüler formulieren den Text, gestalten ein Bühnenbild machen sich Gedanken über Requisiten und Kostüme (Checkliste). 4. Präsentation: Die Zuschauer machen sich mithilfe des Auswertungsbogens Notizen, die sie bei der Auswertung und Reflektion benutzen. 5. Die Theaterstücke können nun bei erfolgreicher Umsetzung einem größeren Publikum vorgeführt werden (mehr Probezeit!).
Zielvorstellungen/ Kompetenz-beschreibungen KV 10.3	Die Schülerinnen und Schüler erwerben und verfügen über folgende Kompetenzen: Sie - recherchieren Informationen zum Autor Terence Blacker. - analysieren eine Rezension zum Roman „boy2girl". - verfassen eine eigene Buchkritik anhand vorgegebener Kriterien.
Durchführung/ Unterrichtsschritte KV 10.3	1. Die Schüler recherchieren im Internet Informationen zu Terence Blacker. 2. Sie formulieren Fragen an den Autor, versuchen sie mit ihrem Partner zu beantworten und präsentieren die Interviews in der Klasse. 3. Die Schüler untersuchen eine Buchkritik, vergleichen ihre Ergebnisse mit dem Partner und nehmen zu der Rezension persönlich Stellung. 4. Sie lernen mithilfe der Infobox die Merkmale einer Rezension kennen und überprüfen diese an der gelesenen Rezension. 5. Sie verfassen eine eigene Rezension, die sie in einer Schreibkonferenz mit ihrem Partner überarbeiten. 6. Es werden ausgewählte Buchkritiken vorgelesen. Gelungene Arbeiten können im Internet oder in der Schülerzeitung veröffentlicht werden.

Lösungen

Kopiervorlage 10.1 → S. 36 f.

1. Individuelle Schülerlösungen

2. - Bühnenbild: schlicht, lediglich die Requisiten und das Licht ändern sich im Verlauf des Theaterstücks
- Schauspieler: Die Besetzung der einzelnen Rollen ist nachvollziehbar und wird v. a. durch den Kleidungsstil symbolisiert.
- Kostüme: spiegeln den Charakter der Figur wider, sind aussagekräftig, aber nicht übertrieben gestaltet, zum Teil mit Aufschriften

3. Individuelle Schülerlösungen

4. Bewertung durch Rezensentin: „ebenso witzige wie entlarvende Einblicke in Mädchencliquen"; „in einer temporeichen Inszenierung […] mit einem toll aufspielenden Ensemble"; „das Tüpfelchen auf dem i gelingt den Regisseurinnen […] mit Sprechblasen, die den Zuschauern die Gedanken der Protagonisten offenbaren"; „eine Musik, die haargenau zur Handlung passt".

5. Individuelle Schülerlösungen

Kopiervorlage 10.2 → S. 38 ff.

1.–8. Individuelle Schülerlösungen

Kopiervorlage 10.3 → S. 41 ff.

1. Siehe Analyse und Interpretation (S. 46 f.)

2.–3. Individuelle Schülerlösungen

4. Bewertende Textstellen: „spielt virtuos mit Mädchen- und Jungenklischees"; „amüsant und kurzweilig zu lesen"; „witzige Idee für dieses Buch wird durch den Schreibstil von Terence Blacker unterstützt"; „die Figuren in boy2girl sind herrlich karikiert"; „boy2girl ist ein witziges Buch, das man schnell und mit Begeisterung liest"; „ein klein wenig fehlt vielleicht der Tiefgang, weil die Figuren zu sehr überzeichnet sind"; „boy2girl ist eher eine Komödie mit ernstem Hintergrund"; „Terence Blacker unterhält seine Leser mit diesem Buch jedenfalls gut".

5. Individuelle Schülerlösungen

6. Die Überschrift der Rezension ist nicht interessant gestaltet, ebenfalls wurde das Buchcover nicht beschrieben oder sonstige Auffälligkeiten benannt. Gut gelungen ist die Verbindung einer kurzen Inhaltsangabe und Bewertung, ohne zu viel vorwegzunehmen. Ein Fazit am Ende der Rezension gibt dem potenziellen Leser einen guten Eindruck vom Roman. Die Zeitform wurde eingehalten.

7.–9. Individuelle Schülerlösungen

Klassenarbeitsvorschläge

Kopiervorlage 11 → S. 44

1. Jake berichtet von seinen familiären Problemen und dass es ihm schwerfällt, mit seinen Freunden darüber zu reden. Seine Probleme belasten ihn und v.a. die Tatsache, dass seine Mutter und große Schwester ihm immer wieder Vorwürfe machen und der Streit dann eskaliert. Plötzlich erscheint Sam, der spürt, dass Jake seinen Vater vermisst und er mit den Problemen zu Hause überfordert ist.

2. Mutter und Vater leben getrennt, der Vater wird von der Mutter zum Sündenbock gemacht. Ihre Wut überträgt sie z.T. auf Jake. Doch darüber kann er zu Hause nicht reden und er fühlt sich zunehmend unwohl.

3. Jake ist mit der Situation unzufrieden und unglücklich. Er würde schon gern über seine Probleme reden, doch es fällt ihm schwer, weil er immer noch glaubt, Jungs würden nicht über ihre Probleme reden. Dennoch merkt man deutlich, dass er sich zu Hause bei seiner Mutter und seinen Schwestern unwohl fühlt und seinen Vater vermisst. Noch fehlt ihm der Mut, offen über seine Gefühle und Wünsche zu sprechen.

4. Individuelle Schülerlösungen

Kopiervorlage 12 → S. 45

1. - Sam: zu Beginn abweisend, aggressiv und zurückgezogen, im weiteren Verlauf entwickelt er sich zum Idol der Schule, spricht über Probleme, einfühlsam, aber dennoch immer wieder bereit für Gewalt
   - Crash: wenig an seinem Sohn interessiert, mehr am Erbe, gewaltbereit, aufbrausend und wild entschlossen, seinen Sohn zu finden, kriminelle Karriere hinter sich
   - Mrs Cartwright: immer um das Wohl der Schule und um ihr eigenes bemüht, sehr korrekt, mag keine Unregelmäßigkeiten, steif und stets kontrolliert, außer sie ist unbeobachtet
   - Zuordnung Schauspieler: individuelle Schülerlösungen

2.–3. Individuelle Schülerlösungen

Bildquellennachweis

8 Verlag Beltz & Gelberg, Weinheim; **14** Thinkstock (iStockphoto), München; **14** Avenue Images GmbH (Comstock), Hamburg; **14** Fotosearch Stock Photography (Stock Disc), Waukesha, WI; **16** shutterstock.com (Monkey Business Images), New York, NY; **16** shutterstock.com (Innershadows Photography), New York, NY; **16** shutterstock.com (Arina P Habich), New York, NY; **26** shutterstock.com (Aleutie), New York, NY; **36** Kulturwerkstatt Kaufbeuren (Christoph Jorda), Kaufbeuren; **41** Photoshot (Sylvaine Poitau/StayStill), Berlin; **45** Kulturwerkstatt Kaufbeuren (Christoph Jorda), Kaufbeuren